D1536280

Haga frent⸤ ⸤dad

Si está interesado en recibir información
sobre nuestras publicaciones,
envíe su tarjeta de visita a:

Amat Editorial
Comte Borrell, 241
08029 - Barcelona
Tel. 93 410 67 67
Fax 93 410 96 45
e-mail: info@amateditorial.com

Edmund Bourne y Lorna Garano

Haga frente a la ansiedad

10 formas sencillas de aliviar la ansiedad, los miedos y las preocupaciones

Amat Editorial

Autor: *Edmund Bourne & Lorna Garano*
Traducido por: *Isabel Murillo*
Diseño cubierta: *J. Xicart*
© 2003 by Edmund J. Bourne and Lorna Garano
y para la edición española
© Editorial Amat S.L., Barcelona, 2004

ISBN: 84-9735-132-0
Depósito legal: B. 12.260-2004
Fotocomposición: gama, sl, Barcelona
Impreso por Talleres Gráficos Vigor, S. A. - Sant Feliu de Llobregat (Barcelona)
Impreso en España– *Printed in Spain*

A todos los que desean encontrar una forma de vida más pacífica.

ED BOURNE

A mis padres

LORNA GARANO

Índice

Prefacio

La ansiedad es un fenómeno cada vez más presente en la sociedad moderna. Prácticamente el 15 por ciento de la población de Estados Unidos o, lo que es lo mismo, 40 millones de personas, han sufrido trastornos de ansiedad durante el pasado año. ¿Por qué la ansiedad es tan común en nuestros tiempos? ¿Existe algo en la sociedad contemporánea que incite particularmente la aparición de la ansiedad? A lo largo de la historia, la gente se ha visto constantemente expuesta a desafíos en forma de guerras, hambrunas, plagas y enfermedades. Y a pesar de ello, la ansiedad parece ser particularmente característica de la era moderna. ¿Qué sucede?

Debemos citar especialmente tres factores como responsables de la ansiedad actual: el ritmo de vida moderno, la ausencia general de consenso en cuanto a los estándares y valores de la vida, y el nivel de alienación social promovido por la sociedad postindustrial.

El ritmo de vida moderno ha aumentado drásticamente en el transcurso de las últimas décadas. Las películas de hace cincuenta años muestran claramente que la gente caminaba, conducía y vivía mucho más despacio que lo hacemos en la actualidad. Muchos vivimos la vida en un estado constante de hacer cosas contrarias al ritmo natural de nuestro cuerpo. Privados del descanso y del tiempo necesario para permitirnos tan sólo «ser», acabamos distanciándonos de nuestra persona y siendo más ansiosos.

Junto con el ritmo acelerado de la vida diaria, afrontamos un ritmo de cambio sin precedentes en el terreno social, tecnológico y medioambiental. Nuestro entorno y nuestro orden social han cambiado más en los últimos cincuenta años que en los anteriores trescientos. Y esta tasa de cambio tiene todo el aspecto de seguir aumentando en el futuro. Y estamos cada vez más ansiosos porque no disponemos del tiempo necesario para asimilar y ajustarnos a estos cambios.

Las normas de la vida moderna son altamente pluralistas. No existe un conjunto de valores ni estándares compartido, consistente y socialmente acordado, como solía existir antes de la década de los 60. Ante esta situación de vacío, la mayoría intentamos arreglárnoslas por nuestra cuenta, y la incertidumbre resultante sobre cómo dirigir nuestra vida deja un espacio muy amplio donde dar cabida a la ansiedad. Ante la visión inconsistente del mundo y de los estándares que nos presentan los medios de comunicación, queda en nuestras manos la responsabilidad de tener que crear nuestro propio significado y orden moral. Y cuando somos incapaces de encontrar este conocimiento, corremos a llenar el vacío que queda con diversas formas de escapismo y adicción. Tendemos a vivir en desacuerdo con nosotros mismos y, en consecuencia, a sentirnos ansiosos.

La seguridad y la estabilidad surgen a partir de la «conexión»: sentirse conectado con alguien o algo aparte de nosotros. La ansiedad surge en el momento en que perdemos el sentido de la conexión (hacia nosotros mismos, hacia los demás, hacia la comunidad más cercana, hacia la naturaleza o quizá hacia Dios o un poder superior). Cuando nos sentimos desconectados o alienados tenemos mayor tendencia a percibir cualquier cosa, prácticamente todo, como una amenaza potencial a nuestra seguridad y bienestar. Si buscamos las raíces de la ansiedad de la vida moderna, veremos que casi toda ella parece surgir de «una percepción de amenaza resultado de una pérdida de la sensación de conexión».

Nuestra forma actual de vida en la sociedad postindustrial contribuye de muchas maneras a la aparición de sentimientos de alienación y desconexión. Históricamente, la gente vivía con una interacción íntima con la naturaleza. Comparemos esto con la vida moderna, donde viajamos por autopistas para ir a trabajar, comemos alimentos procesados, vestimos prendas fabricadas a miles de kilómetros de nuestro hogar y pasamos gran parte de nuestro tiempo delante de la televisión o de una pantalla de ordenador. Hace cien años, la gente conocía a sus vecinos y a los miembros de su comunidad más inmediata. Hoy en día, vivimos en casas unifamiliares y complejos de apartamentos donde apenas conocemos a quien vive a nuestro alrededor. Podemos estar tan involucrados en nuestra propia vida, que los desconocidos que puedan necesitar nuestra ayuda nos pasan desapercibidos. En la época de nuestros abuelos (y en algunos países del tercer mundo en la actualidad), los niños se criaban en el seno de una familia amplia. Contrastemos esta situación con la sociedad moderna en la que, a menudo, nos trasladamos a vivir lejos de padres y hermanos y criamos a nuestros hijos en familias nucleares aisladas. Y con las tasas de divorcio en aumento, la familia nuclear acaba muchas veces dividiéndose y los niños, como resultado de ello, siempre arriba y abajo.

La lista podría continuar. Muchos de nosotros estamos separados de nuestro cuerpo y nuestra alma por una amplia variedad de adicciones que van desde el alcohol y las drogas hasta el trabajo, el cuidado del cuerpo y los bienes monetarios y materiales. Nos vemos desbordados por las imágenes de los medios de comunicación que nos invitan a ser perfectos (o a que seremos perfectos si compramos el producto «adecuado»), reforzando con ello valores de consumismo, materialismo y recompensa instantánea que únicamente sirven para amplificar el vacío que muchos sentimos en nuestra vida. Todas estas tendencias agravan nuestro sentido de inseguridad, alienación y de insignificancia. Súmese a todo eso la amenaza de ataques terroristas y la imagen se completa. Vivimos tiempos de ansiedad. ¿Cabe, todavía, preguntarse por qué la ansiedad está cada vez más presente?

Un viejo dicho aconseja: «Es mejor encender una vela que maldecir la oscuridad». Ya que la sociedad externa y los medios de comunicación nos ofrecen poco refugio, es necesario que nos preguntemos qué podemos hacer por nosotros. Muchos buscamos soluciones, formas sencillas de conseguir que nuestra vida sea más pacífica y vivible. Este libro pretende ofrecerle alguna ayuda en este sentido. Nuestro objetivo aquí es proporcionarle un conjunto de herramientas sencillas que le ayuden a encontrar mayor calma y estabilidad en medio de estos tiempos complejos, incluso caóticos. Encontrar formas de aliviar la ansiedad y de tener paz en la vida, actúa no sólo en su propio beneficio, sino que además se convierte en un modelo a seguir para todos los que le rodean.

Introducción

Este es un libro sobre cómo hacer frente a la ansiedad. La ansiedad es una experiencia que prácticamente todos conocemos y que parece estar cada vez más presente entre los muchos factores de estrés y complejidades de la vida moderna. Cerca de un 25 por ciento de la población adulta del mundo occidental sufre graves problemas de ansiedad en algún momento de su vida.

Las estrategias prácticas que aquí ofrecemos tienen como objetivo ayudarle a manejar mejor la ansiedad en todas sus formas. Antes de proceder con estas estrategias, sin embargo, deberá conocer un poco más sobre la naturaleza de la ansiedad. La ansiedad se presenta en muchas formas y magnitudes. Comprender la tipología particular y la gravedad de su propio problema con la ansiedad (por ejemplo, ansiedad diaria respecto a un trastorno concreto de ansiedad) le servirá para hacerse una mejor idea de lo que tiene entre manos. Más allá de esto, también resulta útil conocer alguna cosa sobre las diversas causas de la ansiedad. Comprender de dónde pueden provenir sus problemas con la ansiedad y especialmente qué causas pueden hacer que siga existiendo, le ofrecerá algunos puntos de referencia para determinar cuáles de las muchas estrategias ofrecidas en el libro pueden resultarle de mayor utilidad.

Variedades de la ansiedad

Comprender mejor la naturaleza de la ansiedad pasa por saber tanto lo qué es como lo qué no es. Por ejemplo, existen diversas maneras de distinguir la ansiedad del miedo. Cuando sentimos miedo, el temor se dirige normalmente hacia algún objeto o situación concreta y externa que está inmediatamente presente. Podemos tener miedo a no cumplir una fecha de entrega, suspender un examen o ser rechazados por alguien a quien deseamos agradar. Por otro lado, cuando experimentamos ansiedad, no somos capaces de concretar qué es lo que nos provoca dicha ansiedad.

En lugar de temer un objeto o una situación concreta, imaginamos un peligro que no está inmediatamente presente y que sólo es remotamente probable. Podemos sentirnos ansiosos por el futuro, por nuestra seguridad en términos generales o por seguir adelante ante la incertidumbre. O podemos sentirnos ansiosos ante la posibilidad de perder el control de nosotros mismos o de alguna situación. O podemos sentir una vaga ansiedad por si ocurre algo malo cuando afrontamos un desafío concreto.

La ansiedad afecta la totalidad de la persona. Es una reacción física, de conducta y psicológica. A nivel «físico», la ansiedad puede incluir reacciones corporales como taquicardia, tensión muscular, náuseas, boca seca o sudoración. A nivel de «conducta» puede paralizar nuestra capacidad de actuación, de expresarnos o de afrontar ciertas situaciones diarias. «Psicológicamente», la ansiedad es un estado subjetivo de aprehensión e incomodidad. En su forma más extrema, puede llegar a producir un distanciamiento de la propia persona e incluso el temor a la muerte o a volverse loco.

El hecho de que la ansiedad pueda afectar a nivel físico, psicológico y de conducta, tiene importantes implicaciones sobre los intentos de afrontarla. Un programa completo para hacer frente a la ansiedad debe abordar los tres componentes. Es necesario, entonces, aprender a disminuir la reacción física, a eliminar la tendencia a evitarla y a cambiar la conversación interna que perpetúa un estado de aprensión y preocupación.

La ansiedad aparece en distintas formas y con distintos niveles de intensidad. En cuanto a su gravedad, puede oscilar desde ser una ligera sensación de incomodidad hasta presentarse como un ataque de pánico marcado por taquicardias, temblores, sudoración, mareos, desorientación y terror. La ansiedad no relacionada con ninguna situación en concreto, que sale como de la nada, recibe el nombre de «ansiedad fluctuante» o, en los casos más severos, de «ataque de pánico» espontáneo.

Si la ansiedad surge sólo como respuesta a una situación concreta, recibe el nombre de «ansiedad situacional» o «ansiedad fóbica». La «ansiedad situacional» es distinta de las preocupaciones diarias en el sentido de que suele ser desproporcionada o poco realista. Quien sufre una aprensión desproporcionada a conducir por autopistas, ir al médico o relacionarse, puede estar sufriendo una ansiedad situacional. La ansiedad situacional se convierte en «fóbica» cuando quien la sufre empieza a «evitar» la situación: evita conducir por autopistas, ir al médico o socializar. En otras palabras, la ansiedad fóbica es una ansiedad situacional que incluye el acto de evitar continuamente la situación.

Es frecuente que la ansiedad aparezca simplemente por pensar en una situación determinada. La «ansiedad de anticipación» es aquella que surge cuando nos sentimos incómodos por lo que pueda suceder cuando nos veamos obligados a afrontar una situación difícil o incluso fóbica. En sus formas más leves, la ansiedad de anticipación no se distingue de una preocupación normal. La preocupación puede definirse como una anticipación de las consecuencias desagradables que puede conllevar una futura situación. A veces, no obstante, la ansiedad de anticipación puede llegar a ser lo bastante intensa como para convertirse en «pánico anticipatorio».

Existe una diferencia importante entre la ansiedad espontánea (o pánico) y la ansiedad de anticipación (o pánico). La ansiedad espontánea aparece de la nada, alcanza muy rápidamente su máximo nivel y luego disminuye de modo gradual. El punto máximo suele alcanzarse en cuestión de cinco minutos y va seguido por un período de excitación de una hora o más. La ansiedad de anticipación, por otro lado, tiende a crecer más gradualmente como respuesta al encuentro o, simplemente, a pensar en la situación amenazadora, y puede prolongarse durante más tiempo. Puede sufrir un delirio sobre alguna situación durante una hora o más y luego olvidarse de la preocupación a medida que se cansa o encuentra otra cosa en la que pensar.

Ansiedad y trastornos de ansiedad

La ansiedad forma parte inevitable de la vida en la sociedad actual. Es importante darse cuenta de que en la vida diaria se producen muchas situaciones en las que resulta apropiado reaccionar con cierta ansiedad. Y que algo va mal si no sentimos ningún tipo de ansiedad ante los retos diarios que suponen una posible pérdida o fracaso. Este libro puede resultar de utilidad para cualquiera que experimente reacciones de ansiedad ordinarias y normales (para todo el mundo, en otras palabras), así como para los que sufren trastornos de ansiedad concretos. La incorporación a la vida diaria del ejercicio, las técnicas de relajación y las buenas costumbres dietéticas (así como prestar atención a las conversaciones internas, las creencias erróneas, el cuidado de la persona y la simplificación del estilo de vida) le ayudará, en conjunto, a tener una vida menos ansiosa, independientemente de la naturaleza y el alcance de la ansiedad que usted afronte.

Los siete trastornos más importantes de ansiedad

Los trastornos de ansiedad se distinguen de la ansiedad normal diaria en que implican una que es más intensa (por ejemplo, ataques de pánico), se prolonga durante más tiempo (ansiedad que perdura durante meses, en lugar de desaparecer cuando finaliza la situación estresante) o desemboca en fobias que interfieren la vida normal. Los profesionales de la salud mental reconocen los siguientes trastornos de ansiedad.

Trastorno de pánico

El trastorno de pánico viene marcado por episodios repentinos de ansiedad aguda e intensa que parecen salir de la nada. Los ataques se producen una vez al mes, como mínimo, y la persona siente la preocupación de volver a sufrirlos. Los ataques de pánico vienen a menudo acompañados por miedos irracionales, como el miedo a sufrir un infarto, enfermedades repentinas o a volverse loco. El pánico puede resultar aterrador para la persona que lo sufre.

Agorafobia

La agorafobia se caracteriza por el miedo a sufrir ataques de pánico en situaciones que se perciben como poco seguras o en un lugar seguro (como en casa), o de las que puede resultar difícil huir (como conducir por una autopista o hacer cola en una tienda). Este miedo puede llevar a evitar un amplio abanico de situaciones.

Fobia social

La fobia social es un miedo exagerado a sentirse incómodo o humillado en situaciones donde se está expuesto al escrutinio de los demás o en las que se debe actuar de algún modo. Va a menudo acompañada por la acción de evitar total o parcialmente la situación. Quien la sufre puede tener miedo a asistir a reuniones de trabajo, a hablar en clase, asistir a fiestas o encuentros sociales, conocer gente nueva o incluso a utilizar unos lavabos públicos. El miedo puede tomar muchas formas.

Fobia específica

La fobia específica es un miedo fuerte y una acción de evitar un objeto o una situación concreta (como arañas, agua, tormentas, ascensores o aviones).

Trastorno de ansiedad generalizada

El trastorno de ansiedad generalizada se caracteriza por una ansiedad crónica y un estado de preocupación que se prolonga durante al menos seis meses, con respecto a dos o más asuntos o actividades (como el trabajo o la salud). Son comunes síntomas fisiológicos como la tensión muscular y las palpitaciones. No aparecen ataques de pánico ni fobias.

Trastorno obsesivo-compulsivo

El trastorno obsesivo-compulsivo se caracteriza por obsesiones recurrentes (pensamientos repetitivos) que no abandonan la cabeza de quien lo sufre y/o compulsiones (rituales llevados a cabo para disipar la ansiedad) lo bastante graves como para consumir mucho tiempo o provocar un pesar destacado. Lavarse las manos continuamente o verificar las cosas repetitivamente son dos ejemplos comunes del problema.

Trastorno de estrés postraumático

El trastorno de estrés postraumático se caracteriza por ansiedad y otros síntomas persistentes (como imágenes del pasado e insensibilidad emocional), como continuación de un trauma agudo e intenso (como un desastre natural, un robo, una violación o un accidente). Puede producirse también después de ser testigo de un acontecimiento relacionado con la muerte o la lesión de otra persona.

Causas de la ansiedad

Los síntomas de la ansiedad parecen muchas veces irracionales e inexplicables, por lo que formular la siguiente pregunta resulta natural: ¿por qué?

Antes de considerar en detalle las diversas causas de la ansiedad, deberíamos tener en cuenta dos puntos. En primer lugar, a pesar de que conocer las causas de la ansiedad puede aportarnos un punto de vista sobre cómo se desarrollan los problemas de la misma, es un conocimiento innecesario para superar la dificultad concreta que usted padezca. La efectividad de las diversas estrategias para manejar la ansiedad que se presentan en este libro, como la relajación, el pensamiento realista, la desensibilización, el ejercicio, la alimentación y el cuidado de uno mismo, no depende del conocimiento de la causa originaria. Por mucho que sepa sobre las causas, no es este conocimiento lo que necesariamente cura la ansiedad.

En segundo lugar, desconfíe del concepto de que toda ansiedad diaria, o trastorno de ansiedad, tiene una causa principal. Independientemente de que usted se enfrente a una ansiedad ordinaria, a la aprensión ante una entrevista para un puesto de trabajo, a un trastorno de pánico o a un trastorno obsesivo-compulsivo, tiene que reconocer que no existe una causa que eliminaría el problema de no existir. Los problemas de ansiedad son resultado de una variedad de causas que operan en numerosos niveles. Entre estos están el factor hereditario, la biología, el estrato familiar y la educación, las condiciones externas, los cambios recientes, las conversaciones internas y el sistema de creencias de cada uno, la capacidad para expresar sentimientos, los elementos de estrés ambientales, etcétera.

Algunos expertos en el campo de los trastornos de ansiedad proponen teorías de causa única. Dichas teorías tienden a simplificar, en gran manera, los trastornos de ansiedad y son susceptibles de someterse a una de las dos líneas de razonamiento equivocadas: la «falacia biológica» y la «falacia psicológica».

La falacia biológica da por sentado que un tipo concreto de trastorno de ansiedad está causado únicamente por un desequilibrio biológico o fisiológico del cerebro o del cuerpo. Por ejemplo, recientemente se ha producido una tendencia a reducir las causas del trastorno de pánico, así como del trastorno obsesivo-compulsivo, al nivel estrictamente biológico (algún tipo de desequilibrio cerebral). Resulta útil saber que la ansiedad, y particularmente los trastornos de ansiedad, pueden implicar disfunciones cerebrales. Ello tiene implicaciones en el tratamiento de estos problemas. Pero no significa que la ansiedad y los trastornos de ansiedad sean sólo problemas fisiológicos. La pregunta sigue ahí: ¿qué es lo que provoca ese problema fisiológico? Tal vez el estrés crónico debido a un conflicto psicológico o la rabia reprimida, sean la causa de desequilibrios cerebrales concretos que llevan a dificultades como los ataques de pánico o el trastorno de ansiedad generalizado. Los conflictos psicológicos y la rabia reprimida pueden, a su vez, haber sido originados, en gran parte, por la educación de una determinada persona. Dado que cualquier trastorno cerebral puede haber sido provocado a partir del estrés o de otros factores psicológicos, es un error suponer que la ansiedad y los trastornos de ansiedad están únicamente (o principalmente) provocados por desequilibrios fisiológicos.

La falacia psicológica comete el mismo tipo de error, aunque en dirección contraria. Supone que, por ejemplo, la fobia social o el trastorno de ansiedad generalizado están únicamente provocados por haber sido criado por unos padres que descuidaron, abandonaron o abusaron de la persona que lo sufre, dando como resultado una sensación de inseguridad o vergüenza profundamente asentada que provoca las actuales fobias y ansiedades. Mientras que puede ser cierto que el historial familiar contribuye de manera importante a los problemas que pueda sufrir un adulto, ¿es razonable suponer que es la «única» causa? No, una vez más. Suponerlo sería pasar por alto las posibles contribuciones de factores hereditarios y biológicos. Al fin y al cabo, no todos los niños que crecen en el seno de familias disfuncionales desarrollan trastornos de ansiedad. Y niños que se crían con unos buenos padres siguen afrontando problemas de ansiedad. Muchos dilemas de ansiedad, particularmente los más graves, son tanto resultado de una predisposición hereditaria hacia la ansiedad como de unas condiciones en la infancia que animaron la sensación de vergüenza o inseguridad. Los problemas de ansiedad están también probablemente relacionados con una diversidad de factores del estilo actual de vida de la persona que los sufre, así como a situaciones recientes de estrés que haya padecido.

En resumen, la idea de que los problemas de ansiedad son sólo un desequilibrio cerebral o sólo un trastorno psicológico, ignora el hecho de que naturaleza y educación son interactivas. Mientras que los desequilibrios cerebrales pueden ser hereditarios, pueden asimismo ser resultado de factores de estrés o psicológicos. Los problemas psicológicos, a su vez, pueden estar influidos por predisposiciones biológicas innatas. Simplemente, no hay forma de decir qué fue lo primero o cuál es la causa «definitiva». Por la misma regla, un punto de vista amplio de superar la ansiedad, el pánico, las preocupaciones o las fobias, no puede restringirse a tratar las causas fisiológicas o psicológicas por separado. Es necesario aplicar diversas estrategias a distintos niveles (incluyendo factores biológicos, de conducta, emocionales, mentales, interpersonales e, incluso, espirituales). A lo largo del libro se asume este enfoque multidimensional para superar la ansiedad.

Las causas de las dificultades de ansiedad varían no sólo según el nivel al que se producen, sino también según el «período de tiempo» en que se producen. A continuación veremos algunas de las causas típicas que se inician en diversos momentos de la vida.

Causas de predisposición a largo plazo

Se trata de condiciones que, desde el nacimiento o desde la infancia, predisponen a desarrollar posteriormente ansiedad. Incluyen herencia, causas disfuncionales de los padres o traumas o abusos infantiles (por ejemplo, descuido parental, rechazo, exceso de críticas, exceso de castigos, exceso de precaución, alcoholismo y/o abusos sexuales).

Causas de circunstancias recientes

Se trata de acontecimientos que desencadenan la aparición de, por ejemplo, ataques de pánico o agorafobia. Incluyen un nivel más elevado de estrés en el último par de meses (o una acumulación de estrés a lo largo de un período de tiempo más prolongado), el fallecimiento de una persona importante para el interesado, un cambio de vida significativo (por ejemplo, un traslado, un nuevo empleo, el matrimonio), enfermedad o consumo de drogas (especialmente cocaína, anfetaminas o marihuana).

Causas de mantenimiento

Se trata de factores de conducta, actitud y estilo de vida de la persona que permiten que la ansiedad siga existiendo una vez ha iniciado su curso. Las causas de mantenimiento son muy diversas e incluyen tensión muscular; sensaciones de miedo (pensamiento tipo «y si... »); creencias erróneas sobre uno mismo, los demás o la vida; evitar continuamente el miedo o las situaciones que lo producen; falta de movimiento o ejercicio; consumo de cafeína, azúcar o comida basura; falta de cuidado personal; estilo de vida y entorno excesivamente complicados; permitirse la «costumbre» de preocuparse; y falta de confianza y autoestima (sentirse una víctima en lugar de con fuerzas para «responsabilizarse» de la ansiedad).

Causas neurobiológicas

Se trata de afecciones del cerebro que afectan inmediatamente el curso y la intensidad de la experiencia de ansiedad. Entre ellas destacan:

- Deficiencias o desequilibrios de determinados neurotransmisores, particularmente serotonina, norepinefrina y GABA.

- Reacción excesiva a determinadas estructuras cerebrales, especialmente la amígdala y el *locus ceruleus*.
- Inhibición insuficiente o reacción excesiva de los centros cerebrales superiores, como la corteza frontal o temporal.

Ayuda para las causas de mantenimiento

Este libro aborda principalmente el tercer grupo de causas, las causas de mantenimiento de la ansiedad. Se considerarán todas las causas de mantenimiento antes mencionadas, así como otras más. Lo que aprenda en este libro afectará también las causas neurobiológicas (mente, conducta y cerebro, todo interacciona), pero más indirectamente. Las causas de predisposición a largo plazo son más difíciles de cambiar. Los genes no pueden alterarse si no es por ingeniería genética y modificación directa de la estructura del ADN (una posibilidad del futuro). Sin embargo, lo que sí puede cambiarse es la forma de responder y tratar las predisposiciones genéticas. Este libro le ayudará a hacerlo. En lo que respecta a los problemas de paternidad, nadie puede cambiar lo sucedido en la infancia. Pero sí es posible aprender sobre ello y trabajar sobre los efectos de una infancia traumática o con abusos, mediante la lectura de libros sobre el tema y, especialmente, sometiéndose a psicoterapia con algún terapeuta cualificado.

Las causas recientes y circunstanciales que provocan la ansiedad son algo que ya ha sucedido. A pesar de ello, la utilización de las estrategias de este libro le ayudarán a manejarse mejor con el estrés que pueda encontrar. Manejar el estrés que se produzca en su vida (pasado, reciente y presente) le ayudará sobremanera a afrontar las ansiedades y las preocupaciones diarias, así como los trastornos concretos de ansiedad.

El papel de los fármacos

Uno de los temas que no considera este libro es el de los fármacos. La intención de la obra es presentar un abanico de estrategias vanguardistas y de fácil utilización para hacer frente a la ansiedad. Y no se ha incluido la utilización de fármacos con receta médica porque, en realidad, no es una técnica de autoayuda, sino que descansa sobre la experiencia de un médico. No obstante, los fármacos con receta médica se utilizan ampliamente para ayudar a la gente que sufre ansiedad, sobre todo a las personas que se enfrentan a los casos más graves de trastornos de ansiedad como trastorno de pánico, agorafobia, trastorno obsesivo-compulsivo y trastorno de estrés postraumático. Los fármacos se utilizan normalmente para ayudar a personas con trastornos de ansiedad, y por ello merecen una nota especial.

El consumo de medicamentos representa un conflicto crítico, tanto para los que luchan a diario contra la ansiedad como para los profesionales que tratan trastornos de ansiedad. Resulta difícil realizar generalizaciones sobre el uso de medicamentos. Los pros y los contras de confiar en la medicación son exclusivos y variables para cada caso. Normalmente, la solución de la ansiedad y las preocupaciones diarias no pasa por los fármacos. Las formas normales y leves de ansiedad se alivian con métodos naturales. Hay personas que descubren que pueden evitar el consumo de fármacos (o eliminar los que puedan estar tomando) si implementan un programa de bienestar extenso que incluya simplificar su vida y su entorno para disminuir el estrés; disponer de tiempo suficiente para descansar y relajarse; realizar ejercicio aeróbico con regularidad; llevar a cabo cambios positivos en la alimentación y utilizar los suplementos dietéticos adecuados; cambiar las ideas internas y las creencias básicas (animar una forma de ver la vida menos dirigida y más relajada); y recibir el apoyo de la familia y los amigos.

Con esto bastará si sus síntomas de ansiedad son relativamente leves. «Leve» significa que su problema no interfiere significativamente en su capacidad para trabajar o en sus relaciones más importantes y, además, que el problema no le provoca un malestar grave o constante.

Si, por otro lado, sufre usted un problema de ansiedad más severo, es posible que los fármacos entren a formar parte importante del tratamiento. Esto es particularmente cierto para afrontar un trastorno de pánico, agorafobia, formas graves de fobia social, trastorno obsesivo-compulsivo o trastorno de estrés postraumático. «Severo» significa que su ansiedad es lo bastante grave como para impedirle rendir adecuadamente en el trabajo (o si le ha obligado a dejar de trabajar). Significa también que su ansiedad le ocupa de algún modo la mitad del tiempo que permanece despierto. No se trata sólo de un malestar o de un estado de irascibilidad: a menudo se siente superado por ella.

Si cree que su problema de ansiedad cae dentro del rango de moderado a severo, seguramente obtendrá beneficios con algún fármaco del grupo de los SSRI (inhibidores de la recaptación selectiva de serotonina). No seguir tratamiento farmacológico porque le da miedo o por estar opuesto a ello por filosofía, puede disminuir su capacidad de recuperación si la situación es severa. Cuando la ansiedad es grave y produce incapacidad, suele ser mejor confiar en la medicación antes de que gane terreno y se torne más crónica. Por otro lado, si su ansiedad se sitúa en la categoría que va desde leve a moderada, es probable que pueda superarla con los métodos recomendados en este libro.

1

Relaje su cuerpo

Al final de este capítulo...

Sabrá cómo:

* Reconocer la tensión muscular que contribuye a la ansiedad.
* Relajar los músculos progresiva o pasivamente para difuminar la ansiedad cuando aparezca.
* Utilizar la relajación con señales convenidas.
* Reconocer los patrones de respiración que desencadenan la ansiedad.
* Utilizar la respiración abdominal para controlar los síntomas de ansiedad (como la hiperventilación y la falta de aire).
* Iniciarse en una rutina de yoga.

Todo está en su cabeza... y en sus brazos, y pies, y piernas, y manos

La ansiedad suele manifestarse como un conjunto de síntomas físicos. De hecho, cuando a la gente se le pide que describa la ansiedad, empieza a enumerar una lista de sensaciones físicas inquietantes, como falta de aire, tensión muscular, hiperventilación y palpitaciones. Tales síntomas refuerzan los pensamientos que generan la ansiedad. Intente pensar por un instante, en su ansiedad como si fuese únicamente una afección física. ¿Cuáles son sus síntomas? ¿Cómo afectan su sensación de bienestar? ¿Cómo responde a ellos? Aunque pueda parecer que estos síntomas físicos son reflejos automáticos más allá de su control, sepa que no lo son. Con cierta práctica, podrá aliviar los efectos físicos de la ansiedad y liberarse de su presión.

Relajación muscular progresiva

La relajación muscular progresiva es una técnica sencilla utilizada para detener la ansiedad relajando, uno detrás de otro, diversos grupos de músculos. Su efectividad fue reconocida hace ya décadas por Edmund Jacobson, un especialista de Chicago. En 1929 publicó lo que se ha convertido en un clásico, *Relajación progresiva*. Allí describía esta técnica de relajación muscular profunda que, afirmaba, no exigía ni imaginación, ni fuerza de voluntad, ni sugestión. Su técnica se basa en la premisa de que el cuerpo responde con tensión muscular a los pensamientos que provocan ansiedad. Esta tensión muscular, a su vez, provoca más ansiedad y desencadena un círculo vicioso. Si se detiene la tensión muscular, se detiene también el círculo. «Una mente ansiosa no tiene cabida en un cuerpo relajado», dijo el doctor Jacobson en una ocasión.

«Estoy tenso»

Si su ansiedad se asocia fuertemente con tensión muscular, la relajación muscular progresiva le resultará una herramienta especialmente útil. Esta tensión muscular es lo que normalmente le lleva a decir que está «tieso» o «tenso». La tensión crónica en espalda y nuca que pueda, por ejemplo, experimentar, se aliviará efectivamente con la práctica de la relajación muscular progresiva. Otros síntomas que responden bien a la relajación muscular progresiva son las cefaleas de tensión, los dolores de espalda, la tensión en la mandíbula, la tirantez ocular, los espasmos musculares, la hipertensión arterial y el insomnio. Si le preocupa el correr de los pensamientos, descubrirá que la relajación sistemática de la musculatura tiende a disminuir la velocidad de sus ideas. Si está tomando tranquilizantes, verá que la práctica regular de la relajación muscular progresiva le permitirá disminuir la dosis.

Si ha sufrido una lesión

La relajación muscular progresiva no tiene otra contraindicación que la lesión de los grupos musculares trabajados. De ser este el caso, consulte con su médico antes de practicarla.

La técnica de la relajación muscular progresiva

La relajación muscular progresiva consiste en tensar y relajar, de forma sucesiva, dieciséis grupos musculares distintos del cuerpo. El concepto es el de tensar con fuerza cada grupo muscular durante el espacio de diez segundos y luego destensarlo repentinamente. Entonces deberá darse entre quince y veinte segundos de relajación, percatándose durante este tiempo de la sensación del grupo muscular relajado, en contraste con el momento en que estaba tenso, antes de pasar al siguiente grupo de músculos.

Algunas reglas para practicar la relajación muscular progresiva

- **Practique un mínimo de veinte minutos diarios.** Lo óptimo son dos períodos de veinte minutos. Para obtener efectos de generalización, es necesario realizar una sesión diaria de veinte minutos. Por «generalización» se entiende que la relajación experimentada durante la relajación muscular progresiva se extiende o «generaliza» durante el resto del día, o al menos durante varias horas, después de haber practicado a diario por un período de dos o tres semanas. Empiece a practicar con períodos de treinta minutos. A medida que vaya dominando esta técnica de relajación, se dará cuenta de que el tiempo necesario para experimentar la sensación de relajación irá disminuyendo.

- **Practique en un lugar tranquilo donde no pueda distraerse.** Esto es crucial. No permita que suene el teléfono mientras practica. Utilice un ventilador o un aparato de aire acondicionado para bloquear el ruido de fondo, en caso de necesidad.

- **Practique en horarios regulares.** Generalmente, los mejores momentos son al despertarse, antes de acostarse o antes de las comidas. La rutina diaria y consistente de relajación, aumentará la probabilidad de que se produzcan efectos de generalización.

- **Practique con el estómago vacío.** La digestión de los alimentos después de comer tiende a interrumpir la relajación profunda.

- **Adopte una postura cómoda.** Debe apoyar la totalidad del cuerpo, incluyendo la cabeza. Acostarse en un sofá o en una cama, o sentarse en una silla que se recline son dos maneras de apoyar el cuerpo en su totalidad. (Si se acuesta, coloque una almohada debajo de las rodillas para estar mejor apoyado.) Si se siente cansado o tiene sueño es mejor practicar sentado que tendido. Resulta ventajoso experimentar la profundidad de la respuesta de la relajación estando consciente, sin caer dormido.

- **Vístase cómodamente.** Afloje cualquier prenda que le apriete y despójese de zapatos, reloj, gafas, lentes de contacto, joyas, etcétera.

- **Tome la decisión de no preocuparse por nada.** Concédase permiso para aparcar las preocupaciones de la jornada. Permítase un rato de atención y deje que la paz mental pase por encima de cualquiera de sus preocupaciones. «El éxito de la relajación depende de que la paz mental tenga una elevada prioridad en su escala de valores».

- **Asuma una actitud pasiva y desprendida.** Probablemente se trate del elemento más importante. Adopte una actitud de «dejar que ocurra» y libérese de cualquier preocupación con respecto a lo bien que está llevando a cabo la técnica: no intente relajarse, no intente controlar su cuerpo, no juzgue su rendimiento. Se trata de dejarse ir.
- **Tense, no fuerce.** Cuando tense un grupo muscular concreto, hágalo vigorosamente, pero sin forzar, durante un período de tiempo que oscile entre los siete y los diez segundos. Puede contar ciento uno, ciento dos, etcétera, como si fuesen segundos.
- **Concéntrese en lo que está ocurriendo.** Sienta la tensión creciente en cada grupo de músculos. A menudo resulta útil visualizar el grupo muscular que está tensando.
- **Suéltese.** Cuando suelte un grupo muscular concreto, hágalo de repente y luego relájese, disfrutando de la sensación repentina de flojedad. Permítase relajarse entre quince y veinte segundos antes de ir a por el siguiente grupo muscular.
- **Intente repetir una frase relajante.** Repítase «Estoy relajándome», «Déjate ir», «Deja que la tensión desaparezca», o cualquier otra frase relajante durante cada período de relajación entre los distintos grupos musculares.
- **Céntrese en los músculos.** Mantenga la atención concentrada en sus músculos a lo largo de todo el ejercicio. Si se distrae, vuelva a concentrarse en el grupo muscular que esté trabajando.

EJERCICIO: RELAJACIÓN MUSCULAR PROGRESIVA

Una vez se haya acomodado en un lugar tranquilo, siga los siguientes pasos:
1. Para empezar, realice tres respiraciones abdominales profundas y suelte el aire lentamente cada vez. Mientras suelta el aire, imagínese que la tensión que alberga en el cuerpo empieza a liberarse.
2. Apriete los puños. Manténgalos cerrados entre siete y diez segundos y luego suéltelos por un espacio de tiempo de entre quince y veinte segundos. Utilice estos intérvalos de tiempo para todos los grupos musculares.
3. Tense los bíceps acercando los antebrazos hacia los hombros y haciendo fuerza con ambos brazos. Mantenga... y relájese.
4. Tense los tríceps. Los músculos de la parte inferior de los antebrazos, extendiendo los brazos en una línea recta y bloqueando los codos. Mantenga... y relájese.
5. Tense los músculos de la frente levantando todo lo que pueda las cejas. Mantenga... y relájese. Imagine que los músculos de la frente se tornan suaves y sueltos al relajarse.

6. Tense los músculos que rodean los ojos cerrándolos con fuerza. Mantenga... y relájese. Imagínese sensaciones de relajación intensa en toda la zona que rodea los ojos.

7. Tense las mandíbulas abriendo la boca de tal manera que tense los músculos que las abren y cierran. Mantenga... y relájese. Deje la boca entreabierta y la mandíbula suelta.

8. Tense los músculos de la nuca echando la cabeza hacia atrás, como si quisiese pegar la cabeza a la espalda (vaya con cuidado con este grupo muscular para evitar lesiones). Céntrese sólo en la tensión de los músculos del cuello. Mantenga... y relájese. Se trata de una zona especialmente tensa, por lo que es bueno que realice dos veces el ciclo de tensión y relajación.

9. Respire hondo unas cuantas veces y piense en el peso de su cabeza hundiéndose en la superficie sobre la que esté descansando.

10. Tense los hombros levantándolos como si fuese a tocarse las orejas. Mantenga... y relájese.

11. Tense los músculos que rodean sus omoplatos empujándolos hacia atrás como si quisiera unirlos. Mantenga la tensión en los omoplatos... y relájese. Se trata de una zona especialmente tensa, por lo que es bueno que realice dos veces el ciclo de tensión y relajación.

12. Tense los músculos del pecho respirando hondo. Mantenga durante diez segundos... y suelte el aire lentamente. Imagine que con el aire desaparece también cualquier exceso de tensión que tenga en el pecho.

13. Tense los músculos del estómago metiendo barriga hacia dentro. Mantenga... y suelte. Imagínese una oleada de relajación que se extiende por todo su abdomen.

14. Tense la zona lumbar de la espalda arqueándola. (Puede omitir este ejercicio si sufre dolor lumbar.) Mantenga... y relájese.

15. Tense las nalgas juntándolas. Mantenga... y relájese. Imagínese los músculos de las caderas sueltos y relajados.

16. Apriete los músculos de los muslos hasta llegar a las rodillas. Probablemente habrá tensado los muslos junto con las caderas, ya que los músculos de los muslos están unidos a la pelvis. Mantenga... y relájese. Sienta los músculos de los muslos soltándose y relajándose completamente.

17. Tense los músculos de las pantorrillas empujando los dedos de los pies hacia usted (flexione con cuidado para evitar rampas). Mantenga... y relájese.

18. Tense los pies echando hacia abajo los dedos. Mantenga... y relájese.

19. Examine mentalmente su cuerpo en busca de cualquier tensión residual. Si encuentra una zona que permanece tensa, repita uno o dos ciclos de tensión y relajación para ese grupo muscular.

20. Ahora imagínese una oleada de relajación que se expande lentamente por todo su cuerpo, empezando por la cabeza y penetrando gradualmente en cada grupo muscular hasta llegar a los dedos de los pies.

La secuencia completa de la relajación muscular progresiva debería llevar entre veinte y treinta minutos la primera vez. Con práctica podrá disminuir el tiempo del ejercicio hasta dejarlo a entre quince y veinte minutos. Si lo desea, puede registrar los ejercicios en un casete para así acelerar un poco sus primeras sesiones de práctica. O puede adquirir también un casete profesional donde le indicarán los ejercicios de relajación muscular progresiva. Hay quien prefiere utilizar siempre un casete, mientras que otras personas aprenden tan bien el ejercicio después de unas semanas de práctica que prefieren hacerlo de memoria.

Relajación muscular pasiva

La relajación muscular pasiva es una alternativa a la relajación muscular progresiva que no requiere la tensión y relajación activa de los músculos. La relajación muscular progresiva es una «medicina algo más potente» para la tensión del cuerpo, aunque la relajación muscular pasiva también funciona.

EJERCICIO: RELAJACIÓN MUSCULAR PASIVA

Empiece respirando profundamente dos o tres veces... y acomódese en la silla, la cama o donde quiera que se encuentre... hasta que se sienta totalmente cómodo. Consiga que este sea un tiempo sólo para usted, deje de lado las preocupaciones y los malestares de la jornada... conviértalo en un tiempo sólo para usted... deje que cada parte de su cuerpo empiece a relajarse... empezando por los pies. Imagínese que sus pies se sueltan y se relajan... libere cualquier exceso de tensión que tenga en los mismos. Imagínese que esa tensión se va... y a medida que los pies van relajándose, imagínese el estado de relajación ascendiendo hacia las pantorrillas. Deje que los músculos de estas se relajen y se suelten y se dejen ir... libere, fácil y rápidamente, cualquier exceso de tensión que sienta en las pantorrillas... y a medida que las pantorrillas van relajándose, deje que el estado de relajación ascienda hacia los muslos... deje que los músculos de los muslos se relajen completamente, se suelten y se dejen ir. Empezará a sentir que sus piernas, desde la cintura hasta los pies, están más y más relajadas. Notará que las piernas empiezan a pesarle cuando más relajadas estén. Continúe ahora trasladando ese estado de relajación a las caderas... sintiendo que cualquier exceso de tensión que tenga en las mismas se disuelve y desaparece. Y enseguida pase la relajación a la zona del estómago... libere cualquier tensión o incomodidad que sienta en éste... y siga pasando el estado de relajación hacia el pecho. Todos los músculos pectorales se relajan, se sueltan y se dejan ir. Cada vez que suelte el aire, debería imaginarse liberando cualquier tensión que

---

le quede en el pecho hasta que lo sienta completamente relajado... y le resultará fácil disfrutar de la agradable sensación de la relajación a medida que se profundiza y se extiende por el pecho, la zona del estómago y las piernas. En breve, permita que el estado de relajación pase también a los hombros... permitiendo tan sólo que las sensaciones profundas de tranquilidad y relajación se extiendan a través de los músculos de los hombros... deje que los hombros caigan... que se sientan completamente relajados. Deje ahora que el estado de relajación que siente en los hombros descienda hacia los brazos, que se extienda por los antebrazos, por los codos, por la parte inferior de los brazos hasta finalmente llegar a las muñecas y las manos... deje que sus brazos se relajen... disfrute de la sensación agradable de la relajación en los mismos... deje de lado sus preocupaciones, cualquier pensamiento incómodo y desagradable... viva totalmente el momento presente y vaya relajándose más y más. Sienta el estado de relajación ascendiendo hacia el cuello. Todos los músculos de esta zona se relajan completamente, se sueltan y se dejan ir. Imagínese los músculos del cuello soltándose como una cuerda que acaban de desatar. Pase luego el estado de relajación a la barbilla y la mandíbula... relaje la mandíbula... libere la fuerza de la misma y mientras se relaja esta zona, imagínese ese estado de relajación trasladándose hacia la zona de los ojos. Cualquier tensión que pueda sentir en los ojos se disipa y desaparece cuando estos se relajan por completo. Cualquier tensión ocular se disuelve en estos momentos. Relaje también la frente... deje que los músculos de la frente se relajen completamente, se suelten y se dejen ir... percátese del peso de su cabeza sobre la superficie en la que descansa permitiendo que su cabeza se relaje por completo. Disfrute de las buenas sensaciones de este estado de relajación... déjese arrastrar más y más profundamente en la paz y la tranquilidad... entre más y más en contacto con ese lugar interior y profundo de calma y serenidad.

Relajación sin tensión

A medida que vaya practicando la relajación muscular progresiva, irá conociendo más a fondo sus músculos y liberando mejor su tensión. De hecho, se acostumbrará de tal manera a lo que le sucede a su cuerpo que no necesitará contraer deliberadamente los músculos antes de relajarlos. Recorra entonces su cuerpo en busca de tensiones y hágalo siguiendo la secuencia de cuatro grupos musculares: brazos, cabeza y cuello, hombros y torso, y piernas. Si encuentra algún punto de tensión, libérela igual que hacía después de cada contracción en el ejercicio de relajación muscular progresiva. Concéntrese y sienta realmente cada sensación. Trabaje con cada uno de los cuatro grupos de músculos hasta que los sienta todos completamente relajados. Si llega a una zona con tensión y no logra liberarla, tense ese músculo o grupo muscular y luego libere la tensión. La relajación sin tensión es también una buena forma de relajar músculos lesionados que no se desean agravar con excesos de tensión.

Relajación con señales convenidas

En la relajación con señales convenidas aprenderá a relajar sus músculos siempre que quiera, combinando una sugerencia verbal con la respiración abdominal. En primer lugar, adopte una posición confortable y luego libere toda la tensión que pueda utilizando el método de relajación sin tensión. Concéntrese en los movimientos que realiza su estómago acompañando cada respiración. Respire lenta y rítmicamente. Relájese más y más con cada movimiento respiratorio. Ahora, cada vez que inhale aire repítase interiormente la palabra «inspira», y cuando suelte el aire, repítase la palabra «relájate». Siga repitiéndose, «inspira... relájate, inspira... relájate», mientras va liberando la tensión de su cuerpo. Siga practicándolo durante cinco minutos, repitiendo las palabras cada vez que respire.

Este método enseña a su cuerpo a asociar la palabra «relájate» con la sensación de relajación. Después de haber practicado la técnica durante un tiempo y de haber conseguido una fuerte asociación, podrá relajar sus músculos en cualquier momento, en cualquier lugar, con sólo repetirse mentalmente «inspira... relájate» y liberando con ello cualquier sensación de tensión que tenga en el cuerpo. La relajación con señales convenidas puede liberar su estrés en menos de un minuto.

Respiración abdominal

Solemos pensar poco en nuestros modelos respiratorios y en cómo reflejan y contribuyen en nuestro estado emocional. La forma de respirar, sin embargo, refleja directamente el nivel de tensión que llevamos en el cuerpo y puede agravar o disminuir los síntomas de ansiedad. La mayoría de personas que sufren ansiedad experimentan uno, o los dos, problemas de respiración siguientes:

- Respiración en un punto excesivamente elevado del pecho, unida a respiración poco profunda.
- Respiración rápida o hiperventilación, que da como resultado la inhalación de excesivo dióxido de carbono en relación con la cantidad de oxígeno que transporta la sangre.

¿Respira usted lenta o rápidamente? ¿Profunda o superficialmente? ¿Se encuentra su respiración centrada en un punto elevado del pecho o más hacia abajo, en el abdomen? Debería, además, tomar nota de los cambios que se producen en su modelo respiratorio en situaciones de estrés y compararlos con la respiración cuando se siente más relajado.

Respiración pectoral y respiración abdominal

En situaciones de tensión, la respiración suele tornarse superficial y rápida, produciéndose en un punto elevado del pecho. La respiración superficial y a nivel pectoral puede acabar produciendo una hiperventilación cuando acelera el ritmo. La hiperventilación, a su vez, puede provocar síntomas físicos relacionados con la ansiedad, como mareo, vértigo, palpitaciones y sensaciones de hormigueo. Cuando estamos relajados, respiramos más plenamente, más profundamente y desde el abdomen. Es difícil estar tenso y respirar, al mismo tiempo, desde el abdomen. Si cambia el modelo de respiración desde el pecho hacia el abdomen (zona del estómago), podrá darle la vuelta al ciclo y transformar su respiración en una herramienta interna de control de la ansiedad.

La respiración abdominal desencadena un conjunto de transacciones fisiológicas que animan la relajación y disminuyen la ansiedad. A continuación encontrará una lista con varios de los beneficios de la respiración abdominal, que se traducen en una mayor relajación y en una disminución de la ansiedad.

- Aumento del suministro de oxígeno que reciben el cerebro y la musculatura.
- Estimulación del sistema nervioso parasimpático. Esta parte del sistema nervioso proporciona un estado de tranquilidad y reposo. Funciona de forma completamente opuesta a la parte simpática del sistema nervioso, que estimula un estado de excitación emocional y las reacciones fisiológicas subyacentes al pánico o la ansiedad.
- Aumento de la sensación de conexión entre la mente y el cuerpo. La ansiedad y las preocupaciones tienden a centrarnos en la cabeza. Unos pocos minutos de respiración abdominal le ayudarán a sentirse en el interior de todo su cuerpo.
- Eliminación más eficiente de las toxinas orgánicas. Los pulmones eliminan una buena parte de las sustancias tóxicas del organismo.
- Mejora de la concentración. Es difícil concentrar la atención cuando la cabeza funciona a cien por hora. La respiración abdominal ayuda a tranquilizar la mente.

- La respiración abdominal sirve por sí sola para desencadenar una respuesta de relajación.

Los ejercicios que siguen a continuación le ayudarán a cambiar su modelo de respiración. Con la práctica conseguirá alcanzar un estado de relajación profunda en un espacio breve de tiempo. Sólo tres minutos de práctica de respiración abdominal o del ejercicio de respiración tranquilizante suelen generar un estado de relajación profunda. Muchas personas utilizan con éxito una o ambas técnicas para abortar un ataque de pánico en cuanto lo sienten llegar. Estas técnicas son también muy útiles para disminuir la ansiedad de anticipación que pueda experimentarse antes de afrontar una situación amedrentadora o para ahuyentar las preocupaciones diarias.

EJERCICIO: RESPIRACIÓN ABDOMINAL

1. Percátese de su nivel de tensión. Entonces coloque una mano en el abdomen, justo debajo de las costillas.
2. Inhale lenta y profundamente a través de la nariz y haga llegar el aire hasta el fondo de los pulmones; en otras palabras, envíe el aire lo más hacia abajo que pueda. Su mano debería levantarse si está respirando desde el abdomen. El pecho debería moverse sólo ligeramente cuando el abdomen se expande.
3. Cuando haya inhalado todo el aire, deténgase por un momento y entonces suelte el aire lentamente a través de la nariz o de la boca, dependiendo de su preferencia. Asegúrese de soltar todo el aire. Mientras lo suelta, deje que todo su cuerpo se relaje (puede visualizar brazos y piernas flojos, como si fuese un muñeco de trapo).
4. Realice diez respiraciones abdominales completas, lentamente. Intente mantener un ritmo de respiración suave y regular, sin inhalar una gran cantidad de aire de una sola vez ni soltarlo todo de repente. Un truco para disminuir la velocidad del ritmo de la respiración consiste en contar lentamente hasta cuatro al coger aire, y luego otra vez lentamente hasta cuatro al soltarlo. Cuente así durante unos pocos movimientos respiratorios. Acuérdese de realizar siempre una breve pausa después de soltar el aire.
5. Después de haber disminuido la velocidad de la respiración, cuente hacia atrás, empezando por el veinte, hasta llegar a uno. Cada vez que respire cuente a partir de un número menos. El proceso debería funcionar como sigue: coger aire lentamente... pausa... soltarlo lentamente (contar desde veinte), coger aire lentamente... pausa... soltarlo lentamente (contar desde diecinueve), coger aire lentamente... pausa... soltarlo lentamente (contar desde dieciocho), y así sucesivamente. Si nota que se marea mientras practica la respiración abdominal, descanse durante quince o veinte segundos y respire normalmente, luego vuelva a empezar.

6. Si lo desea, prolongue el ejercicio realizando dos o tres conjuntos de respiraciones abdominales, recordando en cada conjunto contar hacia atrás desde el veinte al uno. Cinco minutos de respiración abdominal tendrán un efecto importante sobre la disminución de la ansiedad o de los primeros síntomas de pánico. Hay personas que prefieren contar del uno al veinte. Hágalo como más le guste.

EJERCICIO: RESPIRACIÓN TRANQUILIZANTE

El ejercicio de respiración tranquilizante es una adaptación de la antigua disciplina del yoga. Se trata de una técnica muy eficaz para conseguir rápidamente un estado de relajación profunda. Este ejercicio interrumpe el desencadenamiento de los síntomas de la ansiedad.

1. Respire con el abdomen, inhale lentamente a través de la nariz y cuente despacio del uno al cinco (cuente poco a poco «uno... dos... tres... cuatro... cinco» mientras coge el aire).
2. Haga una pausa y aguante la respiración contando hasta cinco.
3. Suelte lentamente el aire, a través de la nariz o de la boca, contando hasta cinco (o más si precisa más tiempo). Asegúrese de soltar todo el aire.
4. Cuando haya soltado todo el aire, respire dos veces siguiendo su ritmo normal. Luego repita los pasos del 1 al 3.
5. Siga realizando el ejercicio durante, al menos, un período de tiempo que oscile entre tres y cinco minutos. Eso debería ser lo mismo que desarrollar un «mínimo» de diez ciclos de coger aire contando hasta cinco, aguantarlo contando hasta cinco y soltarlo contando hasta cinco. A medida que vaya avanzando en el ejercicio, notará que puede contar hasta más números cuando suelta el aire, en comparación de cuando lo coge. Aplique estas variaciones en la cuenta y siga con el ejercicio hasta un máximo de cinco minutos. Recuerde respirar dos veces con normalidad entre cada ciclo. Si se nota mareado al realizar el ejercicio, déjelo y respire con normalidad durante treinta segundos, para luego volver a empezar. Mientras dure el ejercicio, mantenga una respiración suave y regular, sin coger mucho aire de golpe ni soltarlo repentinamente.
6. Opcional: cada vez que suelte el aire, puede decirse para sus adentros «relájate», «cálmate», «suelta» o cualquier otra palabra o frase que le resulte relajante. Permita que todo su cuerpo se deje ir durante el ejercicio. Si lo repite cada vez que practique el ejercicio, acabará viendo que sólo pronunciar la palabra elegida le proporciona un estado de relajación suave.

La importancia de la regularidad

Practique la respiración abdominal o el ejercicio de respiración tranquilizante durante cinco o diez minutos, un par de veces al día, durante un mínimo de dos semanas. De ser posible, busque un momento fijo a diario para hacerlo, de modo que los ejercicios de respiración acaben convirtiéndose en una costumbre. Utilice los ejercicios para aprender a dar la vuelta a las reacciones fisiológicas que subyacen bajo la ansiedad o el pánico.

Pruebe con el yoga

La palabra «yoga» significa acoplar o unificar. Por definición, el yoga busca facilitar la unidad de mente, cuerpo y espíritu. A pesar de que en Occidente el yoga se considera normalmente como una serie de ejercicios de estiramiento, en realidad abarca una amplia filosofía de vida y un elaborado sistema para la transformación personal. Este sistema incluye preceptos éticos, dieta vegetariana, los famosos estiramientos o posiciones, prácticas concretas para dirigir y controlar la respiración, prácticas de concentración y meditación profunda. Las posturas del yoga, por sí solas, proporcionan un medio muy efectivo para aumentar la forma física, la flexibilidad y la relajación. Pueden practicarse individualmente o en grupo.

Mucha gente descubre que el yoga aumenta su energía y vitalidad y simultáneamente, tranquiliza su mente. El yoga puede compararse a la relajación muscular progresiva en el sentido de que implica mantener el cuerpo en determinadas posiciones flexionadas durante unos momentos, para luego relajarlo. Igual que el ejercicio vigoroso, el yoga ayuda directamente a la integración de mente y cuerpo. Cada postura de yoga refleja una actitud, tanto si ésta es de rendición, como ocurre en determinadas posiciones de inclinación hacia adelante, como de refuerzo de la voluntad, como en las posiciones hacia atrás. Si le interesa aprender yoga, lo mejor es empezar asistiendo a clases en algún centro especializado. Si no existe ningún centro en su zona, pruébelo en casa con un vídeo de yoga.

Últimamente, el yoga se ha convertido en un método muy popular para ayudar a disminuir la ansiedad y el estrés. Recomendamos probarlo.

2

Relaje su mente

Al final de este capítulo...

Sabrá cómo:

- Utilizar la visualización guiada para tranquilizar su mente.
- Utilizar las técnicas básicas de meditación para estar en el presente, en lugar de preocuparse por el futuro.
- Empezar a reunir una colección de música relajante.

La velocidad de los pensamientos

Vivimos en un constante bullicio mental prácticamente desde que nos despertamos hasta que nos acostamos. La ansiedad puede acelerarlo todo hasta producir la sensación de que la cabeza corre a cien por hora y de que las ideas nos bombardean por todos lados. Este capítulo presenta las técnicas de visualización guiada y de meditación que pueden utilizarse a diario para tranquilizar la mente y centrarse en el aquí y ahora. Si es usted como la mayoría de los habitantes del mundo occidental, lo más probable es que le suene a chino la idea de desarrollar un régimen diario con el objetivo de relajar su mente y buscar la serenidad. Algunas de estas técnicas, sin embargo, han sobrevivido a lo largo de los siglos y se practican en la actualidad en el mundo entero. Funcionan rápidamente. El dominio de los sencillos ejercicios que se presentan en este capítulo puede traducirse en una sensación general de tranquilidad y en una defensa contra la ansiedad.

Imagínese que

Las imágenes son uno de los modos que utilizan los pensamientos para tomar forma. Las imágenes mentales que visualizamos pueden afectar nuestro comportamiento o nuestra forma de ser de manera muy profunda y alejarnos de nuestra voluntad deliberada y consciente. Cuando estamos en medio de una crisis de ansiedad, nos imaginamos en circunstancias horrendas o conjuramos escenas mentales desagradables. Es como si estuviésemos interpretando un papel en una película de Alfred Hitchcock que se repite sin parar en nuestra cabeza. El poder de la imaginación está universalmente reconocido y, sin duda alguna, es formidable. Pero debería saber que mientras que puede perfectamente ser una fuente de ansiedad, la imaginación puede, por otro lado, convertirse en una herramienta para la relajación.

Visualización guiada

La visualización guiada es un método de utilización deliberada de la imagen mental con el objetivo de modificar la conducta, la forma de sentirse e, incluso, el estado físico interno. Podemos crear conscientemente visualizaciones o impresiones mentales que actúen como medida preventiva contra la ansiedad. Cuando practique la visualización mental, cerrará los ojos y se imaginará en un escenario tranquilizador. Aceptar este nuevo papel en una película mental concebida para inducir la serenidad, en lugar del suspense, puede ayudar en gran manera a disminuir los síntomas de ansiedad. A continuación explicamos con detalles dos visualizaciones guiadas que puede utilizar para relajar su mente cuando se sienta tenso o preocupado, o cuando note que sus ideas van a cien por hora.

La clave del éxito de la visualización guiada es practicarla cuando estemos relajados. La visualización es relajante ya de por sí, pero le resultará útil relajar primero el cuerpo practicando un minuto o dos de respiración abdominal antes de iniciar la visualización (véase capítulo 1). Cuando se haya relajado, podrá experimentar las imágenes más intensamente y, en consecuencia, el efecto conseguido será más profundo. Para tener mayor oportunidad de relajarse, resulta de ayuda grabar en una cinta visualizaciones guiadas con su propia voz o pedirle a alguien que realice la grabación (elija, por supuesto, alguien cuya voz le resulte agradable). Después de repetir la visualización con cinta varias veces, podrá realizarla sin esa ayuda, aunque también puede decidir utilizar siempre el método de la cinta grabada.

Guía para practicar la visualización guiada

1. Adopte una posición cómoda, sin nada que le apriete y con la cabeza debidamente apoyada.
2. Busque un entorno tranquilo y libre de distracciones.
3. Concédase tiempo suficiente para relajarse antes de iniciar la visualización guiada. Para ello, practique la relajación muscular progresiva o la respiración abdominal durante unos minutos antes de empezar.
4. Cuando finalice la visualización relajante, regrese a un estado de alerta con la siguiente declaración (que puede grabar al final de la cinta que utilice para la visualización):

   «Ahora, en un momento, empezarás a regresar a un estado mental de alerta y despertarás. Presta atención mientras cuento del uno al cinco. Cuando llegue a cinco, puedes abrir los ojos y sentirte despierto, en estado de alerta y refrescado. Uno... empieza gradualmente a recuperar un estado de alerta, despierto. Dos... más y más despierto. Tres... empieza a mover las manos y pies, cada vez más despierto. Cuatro... casi completamente despierto. Y cinco... abre los ojos y estarás completamente despierto, alerta y fresco.»
5. Después de finalizar la visualización, levántese y camine un poco hasta que se sienta completamente despierto y asentado.
6. Deje que pase un mínimo de diez minutos antes de conducir o de llevar a cabo cualquier actividad que exija una coordinación compleja.

EJERCICIO: VISUALIZACIÓN GUIADA DE LA PLAYA

Está bajando una larga escalera de madera que le conduce a una playa preciosa y abierta. Parece casi desierta y se pierde en la distancia, más allá de su vista. La arena es muy fina y clara... de aspecto casi blanco. Pisa la arena con los pies desnudos y la siente entre los dedos. Resulta muy agradable caminar lentamente por esta bellísima playa. El sonido de las olas del mar es tan tranquilizador que le ayuda a olvidarse de todo. Observa las olas como vienen y van... llegan lentamente... rompen al llegar a la playa... luego retroceden también lentamente. El mar tiene un precioso tono azul... un matiz de azul que relaja sólo con mirarlo. Contempla la superficie del mar hasta el horizonte, percatándose de cómo se dobla ligeramente hacia abajo siguiendo la curvatura de la tierra. Mientras examina el mar, ve, a muchos kilómetros de distancia, un diminuto barco de vela deslizándose sobre la superficie del agua. Y todas estas visiones le ayudan a soltarse y a relajarse más aún. Mientras sigue paseando por la playa, cobra conciencia del aroma fresco y salado del aire marino. Respira hondo... suelta el aire... y se siente muy refrescado y más relajado todavía. Percibe la presencia de dos gaviotas volando sobre su cabeza... sortean ágilmente las corrientes del viento... y se imagina cómo se sentiría si tuviese la libertad de volar. Se siente en un profundo estado de relajación mientras sigue paseando por la playa. Siente la brisa del mar rozando delicadamente sus mejillas y el calor del sol penetrando su nuca y sus hombros. La sensación cálida y líquida del sol le relaja más aún... y empieza a sentirse tremendamente feliz en esta preciosa playa. Es un día encantador. Enseguida ve, delante suyo, una confortable hamaca playera... y cuando llega a ella, se sienta y se acomoda. Tendido en la hamaca, se deja ir y se relaja incluso más, dejándose arrastrar en una relajación más profunda, si cabe. En breve, cerrará los ojos y sólo escuchará el sonido del agua, el ciclo sin fin de las olas yendo y viniendo. Y el sonido rítmico de las olas le llega a lo más profundo... a la tranquilidad más profunda... a un maravilloso estado de tranquilidad y paz.

EJERCICIO: VISUALIZACIÓN GUIADA DEL BOSQUE

Está caminando por un sendero en medio de un bosque. Todo a su alrededor son árboles altos... pinos, abetos, sauces, robles... intente verlos. El sonido del viento soplando entre las copas de los árboles resulta tranquilizador, le permite dejarse ir. Puede oler la humedad del suelo del bosque, el olor a tierra y a nuevas plántulas y a hojas caídas. Levanta la vista entre las copas de los árboles hasta ver un cielo azul luminoso. Cuando el sol penetra el toldo formado por las copas, se divide en rayos que pasan a través de ellas hasta alcanzar el suelo del bosque. Observa los intrincados claroscuros generados por la luz que se filtra entre los árboles. El bosque parece como una enorme catedral antigua... le inunda de una sensación de paz y respeto hacia todos los seres vivos. A lo lejos, escucha un sonido de agua corriente que produce un eco en el bosque. Aumenta de volumen a medida que va aproximándose y pronto se encuentra junto a un arroyo. Observa el riachuelo, se percata de la limpieza y claridad de sus aguas. Imagínese sentándose y acomodándose en el lugar. Puede sentarse en una roca plana apoyado en un árbol o incluso decidir tenderse en una pradera. Ve el arroyo avanzando y formando rápidos, correteando entre una variedad de piedras grandes y pequeñas. Las rocas tienen todos los matices del marrón, el gris y el blanco, y algunas están cubiertas de musgo. Ve el agua reluciente corriendo sobre algunas de ellas y rodeando otras, creando estanques y torbellinos. El sonido del agua es tan pacífico que no puede más que dejarse arrastrar por él... relajándose más y más. Respira hondo el aire puro y lo suelta, descubriendo la sensación refrescante de los aromas sutiles del bosque. Mientras se hunde en el mullido lecho de hierba, o de hojas secas, o de fragantes agujas de pino, se olvida de tensiones o preocupaciones... permitiendo que la vista, los sonidos y los olores de este precioso bosque le inunden de una profunda sensación de paz.

Practique la meditación

A la mayoría nos cuesta distanciarnos de nuestros pensamientos y limitarnos a experimentar el momento presente. Incluso cuando de noche caemos dormidos, experimentamos una mezcla de recuerdos, fantasías, pensamientos y sentimientos relacionados con la jornada que hemos pasado o la que queda por venir. La meditación es el único proceso que permite detenerse por completo, librarse de los pensamientos relacionados con el pasado inmediato o el futuro, y simplemente centrarse en estar aquí y ahora. Tiene también efectos relajantes demostrables. En 1968, el doctor Herbert Benson y sus colegas de la Harvard Medical School, calcularon las reacciones físicas de un grupo de practicantes de la meditación trascendental y descubrieron que:

- El latido cardíaco y el ritmo de la respiración disminuían.
- El consumo de oxígeno descendía en un veinte por ciento.
- Los niveles de lactosa en sangre (que se elevan con el estrés y el cansancio) disminuían.
- La resistencia de la piel a la corriente eléctrica, un signo de relajación, se multiplicaba por cuatro.
- Los modelos de las ondas del electroencefalograma cerebral indicaban un aumento de actividad alfa, otro signo de relajación.

La meditación viene practicándose desde hace al menos 5.000 años. Tradicionalmente, los objetivos y beneficios de la meditación han sido de naturaleza espiritual: unirse a Dios, ganar entendimiento, ganar desinterés. Mientras que hay mucha gente que sigue utilizando la meditación con fines espirituales, muchos la practican también fuera de cualquier tipo de marco religioso, tanto para el desarrollo personal como con el simple objetivo de relajarse.

Guía para la práctica de la meditación

- **Busque un entorno tranquilo.** Haga lo que pueda para disminuir los ruidos externos. Si resulta imposible, utilice un CD o una cinta con sonidos instrumentales suaves o sonidos de la naturaleza. El sonido de las olas del mar es una buena música de fondo.
- **Disminuya la tensión muscular.** Si se siente tenso, dedique un tiempo a relajar la musculatura. Resulta útil la relajación muscular progresiva de cabeza, cuello y hombros (véase capítulo 1). La secuencia que sigue, de ejercicios de cabeza y cuello, también le irá bien. No debería dedicar a esto más de diez minutos. En primer lugar, toque lentamente el pecho con la barbilla tres veces, luego eche tres veces la cabeza hacia atrás para

estirar delicadamente la nuca. A continuación, incline tres veces la cabeza sobre el hombro derecho, luego tres veces sobre el hombro izquierdo, luego dé lentamente vueltas con la cabeza en el sentido de las agujas del reloj hasta realizar tres rotaciones completas. Finalmente, dé lentamente tres rotaciones completas de cabeza en el sentido opuesto.

- **Siéntese correctamente.** Siéntese en una de las dos posiciones siguientes. *Estilo oriental*: siéntese en el suelo con las piernas cruzadas, apoyando las nalgas en un cojín o almohada. Descanse las manos sobre los muslos. Inclínese ligeramente hacia adelante para que el peso del cuerpo quede repartido entre los muslos y las nalgas. *Estilo occidental*: siéntese en una silla cómoda, de respaldo recto, con los pies en el suelo y las piernas sin cruzar, sitúe las manos sobre los muslos. En cualquiera de esas posiciones, mantenga la espalda y el cuello rectos sin necesidad de tensarlos. No asuma una postura tensa y sin flexibilidad. Si necesita rascarse o moverse, hágalo. En general, no se acueste ni apoye la cabeza, ya que podría quedarse dormido.

- **Convierta la meditación en una práctica regular diaria.** Aunque medite sólo durante cinco minutos, es importante hacerlo a diario. Lo ideal es que busque un momento fijo para practicar la meditación. En breve le mostraremos dos tipos distintos de meditación. Independientemente de la que usted adopte, empiece con períodos breves de cinco o diez minutos diarios y gradualmente, en un lapso de dos o tres semanas, vaya alargándolos hasta los veinte o treinta minutos diarios. Puede ponerse una alarma o una música de fondo de veinte o treinta minutos de duración para saber cuándo le toca acabar. Si lo prefiere, utilice un despertador. Después de practicar entre veinte y treinta minutos diarios durante varias semanas, podrá prolongar los períodos de meditación hasta una hora.

- **No medite con el estómago lleno o cuando esté cansado.**

- **Busque un foco de atención.** Los dispositivos más habituales son el propio ciclo respiratorio o un mantra (que explicaremos). Otras alternativas son un objeto físico, como un cuadro o la llama de una vela.

- **Asuma una actitud pasiva e imparcial.** Concéntrese en lo que haya elegido como objeto de meditación, pero no se fuerce ni se tense para conseguirlo. Si se trata de un mantra o una imagen interna, preferirá cerrar los ojos. Cuando surjan distracciones, no intente aferrarse a ellas ni rechazarlas con fuerza. Deje que lleguen y se marchen. Luego centre de nuevo la atención en su objetivo. El proceso podría compararse a ver cómo flotan las hojas en la superficie de un riachuelo. Cada vez que su atención se distraiga de su objeto de foco, vuelva a él sin prisas. No se ponga en tela de juicio si sufre distracciones. No insista en los resultados de su meditación. Olvídese de dudas como si podrá llegar lo bastante profundo con el tiempo del que dispone. No juzgue la experiencia que haya tenido. No es necesario cuestionarse si lo hace bien, o no, mientras medita. Hay veces en que la meditación parece estupenda, otras mediocre y otras en las que resulta imposible meditar.

- **Déjese ir.** No intente hacer otra cosa que guiar delicadamente la atención hacia el objeto de foco. Cuando más se deje ir, más profunda será la meditación.

EJERCICIO: MEDITACIÓN CON MANTRA

1. Seleccione una palabra en la que centrarse. Puede ser una palabra en su idioma, como «calma», «paz» o «uno» o un mantra en sánscrito como «Om Shanti», «Sri Ram» o «Om Nameh Shivaya». Otra buena elección es «ahora», pues tiende a arrastrar el foco hacia el momento presente si se pronuncia repetidamente. Puede tratarse también de una palabra o frase que tenga algún significado especial en sus creencias personales. El doctor Benson describe cómo una palabra o frase de significado personal o espiritual especial (como «estoy en paz» o «cumplo los deseos de Dios») profundiza los efectos de la meditación.
2. Repita esta palabra o frase durante el período de meditación, idealmente cada vez que suelta el aire al respirar.
3. Si le vienen a la cabeza otros pensamientos, deje que pasen por usted sin más. Luego vuelva su atención a la palabra o frase repetitiva.

EJERCICIO: CONTAR LA RESPIRACIÓN

1. Siéntese tranquilamente y concéntrese en la entrada y salida de aire que produce la respiración. Cada vez que suelte el aire, cuente la respiración. Puede contar hasta diez o más y volver a empezar, o simplemente repetir la palabra «uno» cada vez que suelte el aire. De modo alternativo, puede que prefiera empezar en el diez o en el veinte y contar hacia atrás hasta cero cada vez que suelte el aire, y luego volver a empezar.
2. Cada vez que se descentre, vuelva a la respiración y a contar. Si se ve atrapado en un monologo interno o una fantasía, no se preocupe por ello ni se juzgue. Relájese y vuelva a contar.
3. Si pierde la cuenta, empiece de nuevo en el uno o en un número redondeado, como cincuenta o cien.
4. Después de practicar un tiempo la meditación contando la respiración, puede dejar la cuenta y centrarse únicamente en la entrada y salida de aire. El objetivo de contar es sólo permanecer más concentrado.

Sea constante

Mucha gente descubre que para dominar la meditación, necesita constancia y disciplina durante un período de varios meses. Aunque la meditación es una de las técnicas de relajación más exigentes, para muchos es la que aporta mayores recompensas. Las investigaciones han averiguado que entre todas las técnicas de relajación, la meditación es una de las que con más constancia y regularidad se realizan.

Pruebe con la música relajante

Se ha dicho muchas veces que la música es el lenguaje del alma. Parece tocar algo en lo más profundo de nuestro ser. Puede trasladarle a espacios interiores situados más allá de la ansiedad y las preocupaciones. La música relajante puede ayudarle a alcanzar un lugar de serenidad profunda al que no pueden llegar el estrés y los problemas de la vida diaria. Puede también elevarle la moral si se encuentra deprimido. Independientemente de que utilice la música como fondo mientras trabaja, o cuando quiere dedicar un tiempo a la relajación, es uno de los métodos más poderosos y demostrados de liberarse de la ansiedad o las preocupaciones. Si utiliza la música para absorber la ansiedad, asegúrese de elegir piezas que sean verdaderamente relajantes y no estimulantes o evocadoras.

Si no tiene a mano un casete o un CD, confíe en un radiocasete portátil, un aparato realmente útil por la noche si no quiere molestar a quienes conviven con usted. La música es un buen fondo para las técnicas de relajación, como la relajación muscular progresiva o la visualización guiada.

3

Piense de forma realista

Al final de este capítulo...

Sabrá cómo:

- Reconocer los modelos de pensamiento distorsionado que provocan la ansiedad.
- Sustituirlos por pensamientos más realistas.

Lo que piensa es lo que obtiene

Imagínese a dos individuos en pleno atasco de tráfico en una hora punta. Uno se considera atrapado y se dice cosas como: «No puedo soportarlo», «Tengo que salir de aquí» y «¿Por qué siempre me meto en este lío?». Siente ansiedad, rabia y frustración. El otro considera la situación como una oportunidad para sentarse, relajarse y escuchar una cinta nueva. Se dice cosas como: «Mejor que me relaje y me ajuste al ritmo del tráfico», o «Puedo relajarme realizando un poco de respiración abdominal y escuchando música». Tiene una sensación de calma y aceptación. En ambos casos, la situación es exactamente la misma, pero los sentimientos en respuesta a esa situación son tremendamente distintos debido al monólogo interno de cada individuo o conversación interna.

La verdad es que «lo que principalmente determina nuestro humor y sentimientos es lo que nos decimos en respuesta a una situación concreta». A menudo nos lo decimos tan rápida y tan automáticamente que ni nos damos cuenta de ello y tenemos la impresión de que es la situación externa la que nos «hace» sentirnos como nos sentimos. Pero la base de nuestros sentimientos, en realidad la forman nuestras interpretaciones y sentimientos respecto a lo que sucede.

En resumen, somos los principales responsables de cómo nos sentimos (dejando aparte determinantes físicos, como una enfermedad). Una verdad profunda y muy importante, una verdad que a veces cuesta mucho asimilar en su totalidad. A menudo resulta mucho más fácil echar la culpa de cómo nos sentimos a algo o alguien externo a nosotros, que asumir la responsabilidad de nuestras reacciones. Y aun así, es a través de la voluntad de aceptar esa responsabilidad que empezamos a hacernos cargo y a dominar nuestra vida. Una vez aceptamos que somos los principales responsables de cómo nos sentimos, dominamos mejor la situación. Es una de las claves más importantes para vivir una vida más feliz, efectiva y libre de ansiedades.

Las personas que sufren ansiedad tienen una especial inclinación a desarrollar conversaciones internas pavorosas. La ansiedad puede generarse en un arranque y sin previo aviso después de repetirnos constantemente frases que empiezan con las siguientes dos palabras: «y si». Cualquier ansiedad que usted pueda experimentar antes de enfrentarse a una situación difícil está fabricada a partir de las frases que empiezan con «y si... » que se repite una y otra vez para sus adentros. Y cuando decide evitar por completo una situación, es probablemente debido a las preguntas escabrosas que previamente se ha formulado: «¿Y si me da un ataque de pánico?» «¿Y si no puedo manejarlo?» «¿Qué pensarán los demás si me ven ansioso?». El primer paso para controlar esta situación no es otro que darnos cuenta de que estamos cayendo en este tipo de pensamiento, en el de las frases que empiezan con «y si... ». El verdadero cambio se produce cuando los pensamientos negativos «y si... » empiezan a sustituirse por afirmaciones positivas y de autoayuda que refuercen su capacidad de hacer frente a la situación. Por ejemplo, podría decirse: «Y qué», «No son más que pensamientos», «No es más que palabrería para asustarme» o «Puedo manejar la situación».

Catastrofismo

Los pensamientos temerosos pueden tomar muchas formas, pero las personas que sufren ansiedad suelen lidiar íntimamente con el «catastrofismo». Más adelante, nos ocuparemos de otras variedades de pensamientos distorsionados, pero por ahora nos centraremos en el modelo de pensamiento que produce más ansiedad. Cuando pensamos catastróficamente, nos imaginamos la inminencia de algún desastre. Predecimos consecuencias terribles a partir de acontecimientos ordinarios: una pequeña entrada de agua en el velero quiere decir que acabará hundiéndose, la sensación de cansancio y fatiga significa que sufrimos un cáncer, un pequeño percance financiero significa que muy pronto estaremos de patitas en la calle y sin trabajo.

Igual que sucede con todos los pensamientos ansiosos, los pensamientos catastrofistas suelen iniciarse con las palabras «y si». «¿Y si me rompo la pierna esquiando?» «¿Y si secuestran el avión?» «¿Y si mi hijo empieza a consumir drogas?» «¿Y si me encuentro en un accidente de tráfico?» «¿Y si suspendo el examen y tengo que marchar del colegio por ello?» «¿Y si me ven con un ataque de pánico y piensan que estoy loco?» La imaginación catastrófica es fértil e ilimitada.

Sobreestima e infravaloración

El catastrofismo se apoya en una «sobreestimación» de las probabilidades de que se produzca un mal resultado, así como de una «infravaloración» de nuestra capacidad para hacer frente correctamente a la situación. ¿Qué probabilidad existe, «realmente», de que el cansancio que usted siente esté provocado por un cáncer? ¿Cuál es la probabilidad «real» de que su hijo empiece a consumir drogas o de que usted se rompa una pierna esquiando? Y supongamos que ocurre lo peor. ¿Sería usted «realmente» incapaz de hacer frente a ello? La gente sobrevive constantemente a situaciones difíciles y terribles. La mayoría conoce a alguien que ha superado una batalla contra el cáncer o los problemas con un hijo. Cierto es que se trata de experiencias difíciles, que nadie desea y que ponen a prueba a cualquiera, pero ¿cuáles son las probabilidades «reales» de que usted no pudiera superarlas? Considere un miedo concreto y examine las ideas que lo alientan. Lo más seguro es que descubra algún tipo de catastrofismo de por medio. Su ansiedad tenderá a disminuir en proporción a que pueda usted superar esta distorsión pensando de manera más realista. En resumen, podríamos definir el catastrofismo como «la sobreestimación no razonable de alguna amenaza, emparejada con una infravaloración de nuestra capacidad de hacer frente a ella».

Desafíe el catastrofismo

Los tres pasos siguientes son básicos para desafiar el catastrofismo y socavar el poder que tiene sobre usted:

1. Identifique los pensamientos distorsionados.
2. Cuestiónese su validez.
3. Sustitúyalos por pensamientos más realistas.

Veamos algunos ejemplos.

EJEMPLO 1:
EL MIEDO A UNA ENFERMEDAD GRAVE

- **Modelo de pensamiento catastrofista:** No tengo energía y estoy siempre cansado. ¿Y si tengo un cáncer y no lo sé? Si me diagnosticaran un cáncer, sería el final. No podría superarlo. Mejor acabaría rápidamente con todo suicidándome.
- **Identificación de los pensamientos distorsionados:** Los pensamientos distorsionados son «Ya que tengo poca energía y estoy cansado, debo tener un cáncer» y «Si tuviera cáncer, no podría superarlo». Cuando identifique pensamientos distorsionados, redacte primero una lista con todas sus frases «y si...» sobre la situación concreta, y luego cámbielas para convertirlas en declaraciones positivas. Por ejemplo, «¿Y si mi poca energía y mi cansancio fueran signos de cáncer?» se cambiaría por «Dado que tengo poca energía y estoy cansado, tengo cáncer».
- **Cuestione su validez:** ¿Qué probabilidades existen de que la poca energía y el cansancio signifiquen que tengo un cáncer? Si sucediera lo más improbable y realmente me diagnosticaran un cáncer, ¿cuán terrible resultaría? ¿Me destrozaría de verdad y no sería capaz de seguir viviendo? Pensando de un modo realista, ¿es verdad que no tendría manera de superar la situación? Observe cómo empiezan las frases. Cuando desafiamos la validez de nuestros pensamientos catastrofistas es importante utilizar preguntas rápidas del tipo: «¿Qué probabilidades hay?» «Pensando de un modo realista, ¿cuán probable es?» o «Si sucediese lo peor, ¿es realmente cierto que no encontraría "ninguna" manera de superarlo?»
- **Sustitúyalos por pensamientos más realistas:** Los síntomas de cansancio y falta de energía pueden ser indicadores de todo tipo de afecciones físicas y psicológicas, incluyendo virus, anemia, agotamiento suprarrenal o hipotiroidismo, depresión y alergias alimenticias, sólo por mencionar algunas. Lo que me sucede tiene muchas posibles explicaciones y no presento ningún síntoma concreto de que pudiera tener un cáncer. Por lo tanto, las probabilidades de que mi cansancio y falta de energía indiquen la presencia de un cáncer son muy bajas. Además, por malo que fuera un diagnóstico de cáncer, es poco probable que me destrozara por completo. Después de una fase difícil de adaptación al hecho, que podría prolongarse durante días o semanas, empezaría a pensar en lo que debería hacer para afrontar la situación. Sería complicado, a buen seguro, pero no estaría en peores condiciones que otra persona en mi situación. Junto con el médico, pensaríamos las estrategias de tratamiento más efectivas. Me uniría a un grupo de soporte de enfermos de cáncer y tendría todo el apoyo de mis amigos y familiares. Suplementaría el tratamiento con métodos alternativos, como la visualización y cambios en mi dieta, que podrían colaborar con la recuperación. En resumen, haría todo lo posible para curar la enfermedad.

EJEMPLO 2:
EL MIEDO A SUFRIR UN ATAQUE DE PÁNICO AL HABLAR EN PÚBLICO

- **Modelo de pensamiento catastrofista:** ¿Y si empiezo a sentir pánico mientras realizo una presentación ante toda esa gente? ¿Y si creen que me he vuelto loco? Nunca podría lograr borrarlo.
- **Identificación de los pensamientos distorsionados:** Los pensamientos distorsionados son: «Seguramente me entraría un ataque de pánico si tuviese que hablar en público» y «Los demás pensarían que estoy loco, lo que resultaría devastador para mí».
- **Cuestiónese su validez:** Pensando de forma realista, ¿cuántas probabilidades tengo de sufrir un ataque de pánico hablando en público? ¿Qué probabilidad hay de que, en caso de sufrir un ataque de pánico, la gente se dé cuenta de lo que estoy pensando y llegue, por ello, a la conclusión de que estoy loco? Supongamos que sucediera lo poco probable y la gente acabara pensando que estoy loco por que me ha dado un ataque de pánico. ¿Tan terrible sería? ¿Es realista suponer que nunca lograría borrarlo?
- **Sustitúyalos por pensamientos más realistas:** Si sufriera un ataque de pánico, podría abreviar lo que pretendía decir y sentarme enseguida. Como la gente suele perderse en sus propios pensamientos y preocupaciones, nadie se percataría de mis dificultades ni se molestaría porque abreviara la presentación. Incluso en el caso de que la gente detectara síntomas de pánico, como ponerme colorado o que me temblara la voz, es muy poco probable que pensaran que estoy loco. ¿Lo pensaría yo de alguien si se intercambiaran los papeles? Es mucho más probable que expresaran su preocupación. E incluso en el extraño caso de que alguien pensara que estoy loco por mi pánico, podría explicarle que, a veces, siento miedo de hablar en público. Con toda la publicidad que hay actualmente sobre los trastornos de ansiedad, lo comprendería. Ser completamente sincero es una forma de manejar la situación. E independientemente de lo que sucediera, lo olvidaría al cabo de un tiempo. No es cierto que jamás pudiese borrarlo. Ya he sobrevivido a otras situaciones violentas.

EJEMPLO 3:
EL MIEDO A PERDER EL PUESTO DE TRABAJO

- **Modelo de pensamiento catastrofista:** En los últimos dos años, la economía va mal y los despidos se disparan. ¿Y si perdiera el trabajo y no pudiese pagar el alquiler? Me encontraría en la calle y nunca podría volver a recuperarme. Me sentiría muy incómodo teniendo que pedir ayuda a mis familiares y amigos. Estaría a la merced de desconocidos.

- **Identificación de los pensamientos distorsionados:** Los pensamientos distorsionados son «Los problemas de la economía harán que pierda mi puesto de trabajo» y «Perder el trabajo me convertiría en un indigente y un inútil».
- **Cuestiónese su validez:** ¿Qué probabilidad hay de que realmente pierda mi puesto de trabajo? Supongamos que lo perdiera. ¿Acabaría de verdad convirtiéndome en un sin techo? ¿Realmente no habría manera de recuperarme? ¿Sería de verdad imposible pedir ayuda a familiares y amigos?
- **Sustitúyalos por pensamientos más realistas:** Mi empresa no muestra signos de problemas económicos e, incluso en el caso en que perdiera el trabajo, tendría formas de afrontar la situación. La mayoría de gente sigue trabajando y podría encontrar otro trabajo. Trabajo duro y soy bueno en ello. Tengo familiares y amigos que me quieren y a quienes he ayudado en el pasado. Si no pudiese pagar el alquiler, podrían instalarme con ellos hasta recuperarme. Tengo algunos ahorros y, en caso de que sucediese lo peor, podría liquidar mi plan de pensiones. Además, si me despidieran, podría percibir el subsidio de paro durante un tiempo. Sería difícil, pero no insuperable.

Los tres ejemplos ilustran cómo es posible desafiar el miedo que producen los pensamientos catastrofistas y contraatacarlos con ideas más realistas y menos ansiosas. Ahora le toca a usted. Después de las reglas generales que siguen a continuación, encontrará la Hoja de Pensamientos Realistas. Antes de iniciar el ejercicio, prepare una veintena de hojas en blanco para utilizar cuantas veces quiera (puede fotocopiar la hoja de este libro o escribirla e imprimirla). En cuanto tenga las copias, siga las instrucciones para descubrir pensamientos temerosos asociados con situaciones que le inspiren miedo o le preocupen.

Guía para desafiar los pensamientos pavorosos

1. Busque un momento en que esté relativamente relajado y tranquilo, preferiblemente no en pleno episodio de ansiedad intensa o preocupaciones. Busque primero una forma de relajarse y centrarse (véase capítulos 1 y 2) antes de empezar a trabajar en la búsqueda de pensamientos pavorosos.
2. Cuando se haya relajado, pregúntese: «¿Qué es lo que me digo que me pone ansioso?» Piense en todos los pensamientos «y si... » y anótelos bajo el primer subtítulo de la hoja: ¿Qué estaba diciéndome?
3. Para que los pensamientos distorsionados sean más claros y fáciles de desafiar, pase de frases que empiecen por «y si... » a frases regulares y afirmativas. Es más fácil ver la distorsión cuando se pasa de un pensamiento «y si...», como «¿Y si el avión se estrella?», a frases firmes como «Este

avión va a estrellarse». Anote sus pensamientos revisados bajo el segundo subtítulo de la hoja: Modelos distorsionados de pensamiento.

4. Desafíe sus pensamientos distorsionados formulándose preguntas como «¿Qué probabilidades realistas hay de que esto suceda?» «¿Con qué frecuencia ha ocurrido en el pasado?» «¿Estoy contemplando la situación como algo completamente inmanejable o invivible?»

5. Utilice las preguntas sobre la situación o preocupación que surjan a partir de pensamientos más realistas. Anote estos pensamientos realistas bajo el subtítulo: Modelos de pensamiento más realista.

6. Finalmente, piense en formas de afrontar la situación si acabase produciéndose su peor temor. Pregúntese: «Si sucediera lo peor, ¿qué podría hacer para afrontarlo?» En la mayoría de los casos, esto le ayudará a ver que ha infravalorado su capacidad de hacerle frente. Anote las diversas formas de afrontarlo bajo el subtítulo: Si ocurriera lo peor, ¿qué podría hacer para afrontarlo?

7. En el transcurso de las siguientes semanas, lea de nuevo varias veces los pensamientos realistas y las formas de afrontar el peor escenario. Servirá para reforzarlas en su cabeza. Si lo desea, puede escribir de nuevo sus declaraciones en un papelito que lleve siempre consigo y pueda repasar en un momento.

8. Repita todos los pasos del ejercicio, utilizando una hoja distinta para cada uno de sus temores o preocupaciones.

HOJA DE PENSAMIENTOS REALISTAS

¿Qué estaba diciéndome?
(Anote sus frases «y si...» referentes a la situación temida.)

Modelos distorsionados de pensamiento
(Convierta sus frases «y si...» en declaraciones regulares. Por ejemplo, «¿Y si siento pánico?» se cambiaria por «Voy a sentir pánico». «¿Y si piensan que soy estúpido?» cambia a «Pensarán que soy estúpido».)

Desafíe sus distorsiones
(Formúlese preguntas del tipo «¿Cuáles son las probabilidades reales de que esto suceda?» «¿Con qué frecuencia ha sucedido en el pasado?» «¿Estoy contemplado la situación como algo completamente inmanejable o invivible?»)

Modelos de pensamiento más realista
(Sustituya los modelos de pensamiento distorsionados y miedosos por pensamientos más realistas sobre la situación.)

Si ocurriera lo peor, ¿qué podría hacer para afrontarlo?
(Anote maneras de afrontar la situación si el peor escenario considerado, aunque sea poco probable, acabara haciéndose realidad.)

Otros modelos distorsionados de pensamiento

El catastrofismo no es el único modelo de pensamiento distorsionado capaz de desencadenar ansiedad. Consideraremos siete más. Puede que reconozca muchos o todos ellos.

Filtrado

Se centra en los detalles negativos e ignora todos los aspectos positivos de la situación. Por ejemplo, un especialista en diseño gráfico por ordenador que se siente incómodo con las críticas es elogiado por la cualidad de sus recientes y detallados diseños, a la vez que se le solicita que se dé un poco más de prisa para su siguiente trabajo. Vuelve a casa ansioso, habiendo decidido que su jefe lo tiene por una persona que pierde el tiempo. De este modo, filtra el elogio y se centra únicamente en las críticas.

Pensamiento polarizado

Las cosas son o blancas o negras, o buenas o malas. O eres perfecto o eres un fracasado. No existen las medias tintas, los errores no tienen cabida. Una madre soltera con tres hijas decide ser fuerte y mostrarse «responsable» de la situación. En cuando se siente confundida o cansada, empieza a considerarse como una mala madre y sufre ansiedad.

Exceso de generalización

Se llega a una conclusión general basándose en un único incidente o en una prueba. Se exageran frecuentemente los problemas y se utilizan etiquetas globales negativas. Este modelo de comportamiento puede acabar produciendo una vida cada vez más restringida. Una persona que sube en tren y se marea una vez, decide no volver a subir nunca en tren. Una persona que sufre vértigo en la terraza de un sexto piso, decide no volver allí. La esposa que se sintió ansiosa la última vez que su marido marchó en viaje de negocios, se imagina que sufrirá un accidente cada vez que abandona la ciudad. Una experiencia mala significa que siempre que esa persona se encuentre en una situación similar, repetirá inevitablemente la mala experiencia. Es fácil comprender cómo esto puede contribuir a la ansiedad. Palabras como «siempre» o «nunca» son pistas hacia el pensamiento con exceso de generalización.

Lectura mental

Sin que nadie diga nada, usted «sabe» lo que los demás sienten y por qué actúan como lo hacen. En particular, usted sabe cómo los demás piensan y se sienten respecto a usted. Teme, en realidad, comprobar lo que piensan y sienten. Puede dar por sentado lo que su pareja piensa de usted y decirse «De tan cerca, me ve muy poco atractivo». Y entonces sufre ansiedad porque piensa que su pareja va a rechazarle.

Magnificación

Exagera el grado o la intensidad de un problema. Sube el volumen de cualquier cosa mala, lo amplifica y lo torna abrumador. Las pequeñas sugerencias se convierten en tremendas críticas. Los pequeños contratiempos emergen como barreras insuperables. El lado contrario de la magnificación es la minimización. Cuando magnificamos, lo vemos todo negativo y difícil a través de un telescopio que magnifica los problemas. Y cuando observamos nuestros valores, como nuestra capacidad para hacer frente a la situación y encontrar soluciones, lo miramos por el lado contrario de los prismáticos, de modo que todo lo positivo queda minimizado. Este modelo genera un pesimismo sombrío e histérico que fácilmente abre camino a la ansiedad.

Personalización

Usted supone que todo lo que la gente dice o hace es algún tipo de reacción hacia usted. Además, se compara con frecuencia con los demás en un intento de determinar quién es el más inteligente, el más competente, el más guapo, etcétera. Debido a esto, usted considera su propia valía como algo dependiente de los demás. Y siente ansiedad y preocupación pensando en si da, o no, la talla.

Debería ser

Posee una lista de normas rígidas sobre cómo usted y los demás deberían actuar. La gente que rompe las normas le molesta y se siente culpable cuando quien las rompe es usted. «Debería ser el amigo, padre, profesor, alumno, o esposo perfecto», «Debería saber, conocer y preverlo todo», «Debería ser agradable y nunca mostrarme enfadado» y «Nunca debería cometer errores», son ejemplos de «debería ser» negativos. Su código personal de conducta es tan exigente que resulta imposible vivir con él y se siente ansioso sólo de pensar en él.

EJERCICIO: RECONOCER LOS MODELOS

El siguiente ejercicio está concebido para ayudarle a reconocer e identificar modelos de pensamiento distorsionados. Lea con atención cada párrafo y repase el resumen antes mencionado, para ver cómo cada declaración o situación se basa en una o más formas de pensamiento distorsionado.

1. La lavadora se estropea. Una madre de gemelos que aún van con pañales se dice: «Es lo que siempre ocurre. No puedo soportarlo. Todo el día a paseo».
2. «Me miró desde el otro lado de la mesa y dijo: "Me parece interesante". Sabía que se moría de ganas de que acabara la comida para librarse de mí.»
3. Un hombre intentaba que su novia fuera más cariñosa con él y que le apoyara más. Se enfadaba cada noche porque ella no le preguntaba cómo le había ido el día o no le prestaba la atención que esperaba recibir.
4. A un conductor le ponen nervioso los viajes largos, tiene miedo de sufrir problemas mecánicos con el coche o de ponerse enfermo y encontrarse mal lejos de casa. Ante un viaje de casi mil kilómetros, se dice: «Es demasiado lejos. Mi coche ya tiene cien mil kilómetros... nunca lo conseguiré».
5. Mientras se prepara para el baile de fin de curso, una estudiante piensa: «Tengo las peores caderas de la clase y el segundo peor peinado... Si no me sale aquel paso, me muero. Jamás podré superarlo y toda la velada se habrá ido al traste... Espero que Ron consiga el coche de su padre. Sólo si lo consigue todo será perfecto».

Respuestas: 1. Exceso de generalización, filtrado. 2. Lectura mental. 3. Debería ser. 4. Catastrófico, magnificación. 5. Personalización, pensamiento polarizado, catastrófico.

Siete soluciones para siete distorsiones

A continuación encontrará diversos métodos útiles para equilibrar los modelos de pensamiento distorsionados que disparan la ansiedad.

Filtrado

Está clavado en una rutina mental, centrándose en cosas de su entorno que le dan miedo. Para superar el filtrado deberá cambiar deliberadamente de foco de atención. Puede hacerlo de dos maneras. En primer lugar, céntrese en la solución, en lugar de en el problema. Centre su atención en estrategias para afrontarlo en lugar de obsesionarse con el problema en sí. En segundo lugar, céntrese en lo contrario a su principal tema mental, que, con ansiedad, es el peligro o la inseguridad. Céntrese en cosas de su entorno que representen comodidad y seguridad. Una pregunta clásica a formularse con todos los tipos de filtrado es: «¿Veo el vaso medio lleno o medio vacío?»

Pensamiento polarizado

La clave para superar el pensamiento polarizado es dejar de juzgar las cosas por ser o blanco o negro. Piense en términos de porcentajes: «Cerca de un treinta por ciento de mi persona está completamente asustada y un setenta por ciento se aguanta y lo afronta».

Exceso de generalización

El exceso de generalización es la exageración: la tendencia a coger el botón y coserle el vestido. Luche contra ella «cuantificando» en lugar de utilizar palabras como «enorme, horroroso, descomunal, minúsculo», etcétera. Por ejemplo, si se descubre pensando: «Tenemos una deuda increíble», repita la frase añadiéndole una cantidad: «Debemos 27.000 dólares».

Lectura mental

A largo plazo, es mejor que no interfiera en absoluto en los pensamientos internos de las personas. Crea lo que le digan o no establezca ninguna opinión hasta que tenga pruebas concluyentes. Considere todas sus ideas respecto a los demás como simples hipótesis que debe comprobar y verificar preguntando a los interesados. A veces resulta imposible comprobar nuestras interpretaciones. Por ejemplo, puede que no esté preparado para preguntarle a su hija si su alejamiento de la vida familiar significa que está embarazada o consumiendo drogas. Pero siempre puede aliviar su ansiedad generando interpretaciones alternativas de su comportamiento. Tal vez esté enamorada. O sufra el síndrome premenstrual. O tenga que estudiar mucho. O se sienta deprimida por algo. Genere diversas posibilidades y descubrirá una interpretación más neutral, que probablemente será más cierta que la peor de sus sospechas.

Magnificación

Para combatir la magnificación, deje de utilizar palabras como «terrible, horrendo, desagradable o feísimo». En particular, suprima frases como «No puedo soportarlo», «Es imposible» o «Es inaguantable». Usted puede soportarlo, porque la historia demuestra que los seres humanos pueden sobrevivir prácticamente cualquier revés psicológico y soportar dolores físicos increíbles. Puede acostumbrarse y afrontarlo casi todo. Intente pronunciar frases como «Puedo afrontarlo» y «Puedo sobrevivir a eso».

Personalización

Cuando se descubra comparándose con los demás, recuerde que todos tenemos puntos débiles y puntos fuertes. Si se dedica a comparar sus puntos débiles con los puntos fuertes de los demás, lo único que consigue es desmoralizarse. Si supone que los demás siempre reaccionan por usted, oblíguese a comprobar que está en lo cierto. Tal vez, la mala cara del jefe no es porque usted llega tarde. No extraiga conclusiones a menos que esté seguro de que dispone de bastantes evidencias para demostrarlas.

Debería ser

Examine de nuevo y cuestiónese cualquier norma personal o expectativa que incluya las palabras «debería de», «tengo que» o «debo de». Las normas y las expectativas flexibles no utilizan este tipo de palabras porque las excepciones y las circunstancias especiales siempre existen. Piense en al menos tres excepciones a su regla, y luego imagínese todas las otras excepciones que deben haber y que a usted no se le ocurren. Puede suavizar los debería de, los tengo que y los debo de, con el concepto «prefiero». No tiene que ganar el concurso o parecer perfecto, sólo preferiría que así fuera.

4

Afronte sus miedos

Al final de este capítulo...

Sabrá cómo:

- Utilizar la terapia de exposición para confrontar situaciones fóbicas de la vida real y superar su miedo.
- Utilizar la desensibilización para afrontar mentalmente aquellas situaciones fóbicas que no pueden confrontarse en la vida real y superar su miedo.

Afrontémoslo

La manera más efectiva de superar una fobia es, simplemente, afrontándola. Lo único que se consigue evitando continuamente una situación fóbica es alimentar el miedo que intentamos hacer desaparecer. Un aprendizaje muy duro para alguien que se encuentre luchando contra un estado de ansiedad relacionado con fobias. De hecho, si fuera este su caso, no nos sorprendería que exclamara: «¡De ninguna manera!». De entrada, incluso pensar en afrontar la situación que durante mucho tiempo se ha evitado resulta amedrentador, a lo mejor, y totalmente imposible, a lo peor. Pero la exposición a la situación es un proceso gradual, paso a paso, «no» una inmersión repentina. Se trata de afrontar los miedos mediante pequeños incrementos, casi minuto a minuto. Algo que forma parte y constituye la «terapia de exposición», que incluye un plan detallado para afrontar las fobias en la vida real, cuando sea posible, y en la imaginación, en caso de no serlo.

Ansiedad relacionada con la fobia

En muchos casos, el origen de las ansiedades son las fobias. Una fobia es un miedo exagerado a una situación o a una experiencia concreta que dispara la ansiedad. Lo que se hace normalmente es evitar la situación. En algunos casos, incluso pensar en la situación temida resulta suficiente para desencadenar la ansiedad. El miedo y el acto de evitar la situación son lo bastante fuertes como para interferir las rutinas normales, el trabajo o las relaciones, y para provocar angustias importantes. Las fobias más comunes son el miedo a subir en ascensores, el miedo a hablar en público, el miedo a volar en avión, el miedo a visitar el médico o el dentista y el miedo a las alturas. Si sufre usted una fobia, la ansiedad consecuente no sale de la nada, como sucede con otras personas, sino que está provocada por la idea o la posibilidad real de encontrarse en la situación temida.

Sensibilización

Las fobias se desarrollan por sensibilización. Se trata de un proceso a lo largo del cual la persona se sensibiliza ante un estímulo concreto. En el caso de las fobias, implica aprender a asociar la ansiedad con una situación concreta. Tal vez, usted sufrió en una ocasión un ataque de pánico en un ascensor o hablando en público. Si su nivel de ansiedad fue elevado, es probable que construyera a partir de ahí una fuerte asociación entre estar en esa situación en particular y sentirse ansioso. Por lo tanto, estar en esa situación, cercano a ella o tal vez sólo pensar en ella, desencadenan automáticamente la ansiedad. Se establece así una conexión entre la situación y una importante respuesta de ansiedad. Ya que se trata de una conexión automática y, aparentemente, más allá de su capacidad de control, usted hace todo lo posible para evitar encontrarse de nuevo en esta situación. Obviarla ofrece la recompensa de evitarle sentir de nuevo aquella ansiedad. Y en el momento en que empieza a evitar siempre la situación, desarrolla una fobia a partir de cero.

Terapia de exposición

La terapia de exposición (denominada también «desensibilización real, desensibilización in vivo, tratamiento de exposición» o, simplemente, «exposición») es un proceso que consiste en insensibilizarse con respecto a la fobia. Con la exposición, la persona que sufre una fobia se enfrenta a la situación fóbica a través de una serie de actividades, lo que se denomina una jerarquía, que le acercan progresivamente, y definitivamente, a la situación temida. El objetivo es la «desensibilización». La terapia de exposición consiste en:

1. *Olvidar* la conexión entre la situación fóbica (como hablar en público) y su respuesta de ansiedad, y
2. *Reasociar* con esa situación concreta, sentimientos de relajación y tranquilidad.

Una fobia depende de una situación concreta investida de un miedo irreal y angustiante. La situación se normaliza cuando nos insensibilizamos respecto a ella. Deja, entonces, de poseer el poder de incomodarnos emocionalmente.

La creación de una jerarquía

La terapia de exposición actúa a través de la creación de una jerarquía. Se trata de una serie de pasos que acercan poco a poco a la persona que sufre la fobia hacia la situación temida. Podría imaginarse como una escala graduada en la que el primer paso fuera, como mucho, algo que provocara una ansiedad leve y el último, el que produjera la ansiedad más fuerte. Generalmente, la jerarquía necesita entre ocho y doce pasos, aunque en algunos casos, pueden establecerse hasta veinte. Menos de ocho pasos no suele ser suficiente para que la jerarquía resulte efectiva. A veces, puede resultar difícil pasar de un paso a otro. La persona en terapia puede encontrar fácil negociar el paso nueve, pero luego ponerse muy ansiosa al tener que afrontar el paso diez. En este caso, será necesario construir un paso intermedio (el nueve y medio) que hará las veces de puente entre los dos pasos mencionados. Muchas veces entra también en el proceso una persona adicional, que acompañe a la persona en tratamiento la primera vez que afronte la fobia, o en aquellos casos que despierten mayor ansiedad.

EJEMPLO:
UNA JERARQUÍA PARA SUPERAR LA FOBIA A LOS ASCENSORES

1. Observe ascensores, mire cómo suben y bajan.
2. Entre en un ascensor parado, junto con su acompañante.
3. Entre en un ascensor parado usted solo.
4. Suba o baje un piso con su acompañante.
5. Suba o baje un piso solo, con la persona acompañante esperándole fuera del ascensor en el piso de llegada.
6. Suba dos o tres pisos con su acompañante.
7. Suba o baje dos o tres pisos solo, con la persona acompañante esperándole fuera del ascensor en el piso de llegada.
8. Aumente el número de pisos que suba o baje, primero con su acompañante, luego solo, con la persona acompañante esperándole fuera del ascensor en el piso de llegada.
9. Suba o baje solo en ascensor sin su acompañante.

Sepa cuándo iniciar la retirada

Cuando inicie los distintos pasos de la jerarquía, habrá momentos en que tendrá que retirarse temporalmente porque su ansiedad alcance determinados niveles. Utilice la Escala de Ansiedad que aparece a continuación como barómetro de su intensidad de ansiedad. A pesar de que es posible que no se corresponda exactamente con sus síntomas concretos, la escala describe los síntomas típicos correspondientes a los distintos niveles de ansiedad. Lo importante aquí es identificar lo que para «usted» constituye el nivel cuatro. Se trata del punto en el que, sean cuales sean los síntomas que experimente, nota que el control sobre sus reacciones empieza a disminuir... y es el momento de iniciar la retirada.

ESCALA DE ANSIEDAD

07-10 *Ataque grave de pánico*
Todos los síntomas del nivel 6 exagerados, terror, miedo a volverse loco o morir, compulsión fuerte de huida.

6 *Ataque moderado de pánico*
Palpitaciones, dificultad para respirar, sensación de desorientación o alejamiento (sensación de irrealidad), pánico en respuesta a la percepción de la pérdida de control.

5 *Primer pánico*
Latido cardíaco irregular, falta de aire, vértigos o mareos, miedo evidente a perder el control, compulsión de huida.

4 *Ansiedad destacada*
Sensación de incomodidad o mareo, aceleración del ritmo cardíaco, tensión muscular, empieza a cuestionarse si perderá el control.

3 *Ansiedad moderada*
Sensación de incomodidad pero, aún con control, el corazón empieza a latir más rápido, respiración acelerada, sudor en las manos.

2 *Ansiedad media*
Dolores de estómago, tensión muscular, nerviosismo.

1 *Ansiedad leve*
Oleadas pasajeras de ansiedad, ligera sensación de nerviosismo.

0 *Relajación*
Tranquilidad, sensación de concentración y paz.

Opcional: intente primero la desensibilización imaginaria

Hay personas a las que les gusta practicar una técnica, denominada «desensibilización imaginaria», antes de afrontar una situación fóbica en la vida real. Esto significa visualizar las experiencias detalladas en la jerarquía, en lugar de afrontarlas en la vida real. Si desea utilizar el sistema como un proceso precursor a la exposición a la vida real, véase la sección titulada «Desensibilización imaginaria», en este mismo capítulo.

Cómo realizar la exposición

Para diseñar su terapia de exposición, empiece primero por definir claramente sus objetivos. ¿Qué significaría estar plenamente recuperado de las fobias? ¿Desea ser capaz de conducir sin problemas por la autopista? ¿Hacer la compra semanal sin ayuda? ¿Ofrecer una presentación en el trabajo? ¿Volar en avión? Asegúrese de establecer unos objetivos concretos. En lugar de pensar en algo muy amplio, como sentirse cómodo comprando, defina un objetivo concreto como comprar sin ayuda tres productos en la tienda de ultramarinos. Mantenga los objetivos concretos para crear la jerarquía.

Ahora está preparado para desglosar cada objetivo en pequeños pasos que vayan sumándose. Coja un papel y anote los pasos de su jerarquía. En caso de necesidad, siga como referencia el ejemplo del ascensor que hemos detallado anteriormente. Asegúrese de empezar con un paso sencillo, que sólo genere en usted una ansiedad leve y avance hacia un paso final, que podría llegar a realizar cuando estuviese completamente recuperado de su fobia. Su jerarquía debería incluir entre ocho y veinte pasos progresivamente más difíciles de realizar. Empiece con algo que sea relativamente fácil de afrontar. Desarrolle un mínimo de ocho pasos que impliquen progresivamente exposiciones que resulten más retadoras. El paso final debería ser su objetivo o incluso situarse un tramo más allá de lo que haya concebido como su objetivo. Junto a cada paso de la jerarquía, anote la fecha en que lo ha completado. Cuando haya completado la jerarquía para su primer objetivo (volar en avión, por ejemplo), escriba otra para su siguiente objetivo (los ascensores, por ejemplo), y así sucesivamente.

Procedimiento básico de exposición

- **Entre** en su situación fóbica, empezando por el primer paso de la jerarquía o por aquel en el que se encuentra en este momento. Siga avanzando los pasos de su jerarquía hasta el punto donde la ansiedad empieza a parecerle inmanejable (nivel 4 de la Escala de Ansiedad). Si no le resulta inmanejable, estupendo. «Limítese a permanecer en la situación que le da miedo hasta que la ansiedad empiece a disminuir.» Incluso sintiéndose cómodo con la situación, siga en ella siempre y cuando su nivel de ansiedad no supere el punto en el que empieza a parecer inmanejable. «Deje que pase el tiempo y que la ansiedad disminuya.» Cuando se lleva a cabo la exposición, resulta muy útil practicar la técnica de la respiración abdominal descrita en el capítulo 1. Respirar desde el abdomen le ayudará a disminuir un poco la ansiedad que pueda presentarse.

- **Retírese** de la situación si tiene la sensación de que la ansiedad ha llegado a un punto en el que podría descontrolarse, es decir, por encima del nivel 4 de la Escala de Ansiedad. Retirarse significa abandonar temporalmente la situación hasta sentirse mejor y luego volver a ella. En la mayoría de las situaciones, es algo que resulta literalmente posible, pero cuando no lo es (por ejemplo, si se encuentra a bordo de un avión), lo que puede hacer es retirarse a un rincón tranquilo de su cabeza. Retirarse no es lo mismo que huir o evitar la situación. Es una acción concebida para prevenir sensibilizarse de nuevo con la situación.

- **Recupérese.** En el caso de haberse retirado temporalmente de la situación fóbica, espere hasta que disminuyan sus niveles de ansiedad . Asegúrese de concederse tiempo suficiente para permitir que la ansiedad disminuya. La respiración abdominal, o dar un paseo, son alternativas que ayudan a recuperar la ecuanimidad.

- **Repita.** Después de recuperarse, entre de nuevo en la situación fóbica y siga avanzando por la jerarquía hasta el punto en el que se sienta cansado o note que su ansiedad sería inmanejable. Si es capaz de avanzar más que antes o de permanecer más tiempo en la situación, perfecto. De lo contrario, o si no puede llegar tan lejos como la primera vez, también está bien. No se castigue si su rendimiento posterior a la retirada es menos espectacular que en el momento inicial. Es algo muy común. En cuestión de un par de días, verá que es capaz de continuar progresando en la jerarquía.

Siga repitiendo el ciclo (Exposición – Retirada en caso necesario – Recuperación – Repetición) hasta que empiece a sentirse cansado o aburrido, luego déjelo y no practique más durante ese día. Avance todos los pasos de la jerarquía que se vea capaz. Esto es lo que constituye una sesión práctica y se prolonga habitualmente entre treinta minutos y dos horas. En la mayoría de los casos, basta con una sesión práctica diaria. Debe ser consciente de que los progresos a través de los pasos de la jerarquía serán seguramente irregulares. Habrán días en que disfrutará de avances excelentes, mientras que en otros no llegará tan lejos como en días anteriores. Un lunes, por ejemplo, podrá pasar cinco minutos solo en la tienda de alimentación por vez primera en muchos años. El martes podrá volver a aguantar cinco minutos, pero no más. Luego, el miércoles no podrá ni tan siquiera entrar en la tienda. El jueves y el viernes, sin embargo, podrá pasar diez minutos seguidos en el establecimiento. Este arriba y abajo, este fenómeno de dos pasos adelante y un paso atrás, es típico de la terapia de exposición. ¡No se desanime!

Cómo aprovechar al máximo la terapia de exposición

Siga las reglas siguientes para beneficiarse al máximo de la terapia de exposición.

Confíe en una persona de apoyo

Resulta muy útil apoyarse en una persona de confianza (la pareja, un amigo o un profesional especializado) para que le acompañe en sus avances por la jerarquía de la fobia, sobre todo en los momentos iniciales del proceso de exposición. La persona de apoyo podrá proporcionarle confianza y seguridad, distraerle (hablando con usted), darle ánimos para seguir adelante y elogiar sus éxitos. Pero esta persona de apoyo no debería presionarle bajo ninguna circunstancia. De usted depende determinar el ritmo del paso de avance por la jerarquía. Siempre ayuda, sin embargo, que la persona de apoyo sepa identificar cualquier resistencia que usted ponga de su parte y que le ayude a reconocer si dicha resistencia está presente. El principal trabajo de esa persona es ofrecerle ánimos y apoyo, sin juzgar su rendimiento. A medida que vaya avanzando en la jerarquía, podrá finalmente volar solo y afrontar sin compañía de nadie las situaciones que le dan miedo.

Esté dispuesto a correr riesgos

Entrar en una situación fóbica que ha estado evitando durante mucho tiempo, significa correr un riesgo entre leve y moderado. Correr riesgos es fácil, sin embargo, cuando la jerarquía está construida mediante objetivos pequeños y limitados y se va avanzando por ella poco a poco.

Haga frente a la resistencia

Exponerse a una situación que ha estado evitando puede desencadenar resistencia. Percátese de si está retrasando sus sesiones de exposición o si encuentra motivos para no abordarlas. La simple idea de entrar en una situación fóbica puede generar por sí sola mucha ansiedad, miedo a verse atrapado o afirmaciones derrotistas como «Nunca seré capaz de hacerlo» o «Esto es imposible». En lugar de aferrarse a la resistencia, intente contemplar el proceso de desensibilización como una importante oportunidad terapéutica. Coméntese para sus adentros lo mucho que mejorará su vida y sus relaciones, cuando sus fobias queden olvidadas. Todo irá mejor una vez haya superado cualquier resistencia inicial a la exposición en la vida real. Si nota, en cualquier momento, que tiene problemas de resistencia, consulte con un terapeuta conocedor de la terapia de exposición.

Esté dispuesto a tolerar algunas incomodidades

Es inevitable que experimente cierta ansiedad en el curso del proceso de desensibilización. Inicialmente puede incluso sentirse peor. Reconozca que sentirse peor significa que está poniendo las bases para sentirse mejor. A medida que vaya dominando el proceso, las sesiones prácticas resultarán más fáciles y ganará más confianza para seguir adelante hasta finalizar con ello.

Evite sobresaturarse y esté dispuesto a retirarse

En el proceso de desensibilización, usted controla la intensidad y la duración de la exposición a las situaciones que le dan miedo. Esté siempre dispuesto a retirarse de una situación práctica si la ansiedad le resulta abrumadora (por encima del nivel 4 de la Escala de Ansiedad). Antes de afrontar de nuevo la situación fóbica, espere a haberse recuperado. La sobresaturación o la exposición excesiva pueden sensibilizarle de nuevo ante la situación fóbica.

Prepare un plan de contingencia

Supongamos que está practicando en un ascensor y sucede lo peor: se detiene entre dos pisos. O supongamos que está empezando a conducir por la autopista y empieza a sentir pánico cuando más alejado está de una salida. Es bueno que planifique con antelación este tipo de escenarios. En el primer ejemplo, busque siempre ascensores que tengan teléfono de emergencia para sentirse más seguro. En el caso de la autopista, dígase de antemano que puede quedarse en el arcén o, al menos, conducir despacio y con las luces de emergencia hasta llegar a una salida. Si tiene que entrar en una situación sin salida de emergencia, lleve siempre consigo una cinta de relajación y un aparato reproductor individual, o un teléfono móvil.

Confíe en su propio ritmo

Es importante que no considere la exposición como una especie de carrera. El objetivo no es ver lo rápido que puede superar el problema. Si se presiona para avanzar rápidamente, corre el riesgo de volverse a sensibilizar a la fobia.

Recompénsese por los pequeños éxitos

Las recompensas por los pequeños éxitos le ayudarán a mantener la motivación para seguir practicando. Por ejemplo, avanzar ligeramente en una situación fóbica con respecto a lo conseguido el día anterior merece un premio, como una prenda de ropa o una cena fuera. Igual lo merece permanecer en la situación unos momentos más, o ser capaz de tolerar la sensación de ansiedad durante un poco más de tiempo.

Aprenda a hacer frente a las primeras fases de pánico

Utilice las técnicas aprendidas en los capítulos anteriores en el caso de verse incapaz de retirarse fácilmente de una situación. Recuerde mantener una actitud general similar a flotar o a seguir las sensaciones de su cuerpo, en lugar de resistirse a ellas. ¡Utilice esta opción si siente la necesidad de iniciar la retirada!

Utilice frases positivas para afrontar la situación

Utilice cualquiera de las frases siguientes, antes o durante la sesión de exposición:

- «Esta es una oportunidad para aprender a sentirme cómodo con la situación.»
- «Afrontar mi miedo a... es la mejor manera de superar la ansiedad que siento al respecto.»

- «Cada vez que decido afrontar... estoy dando un paso más hacia liberarme de este miedo.»
- «Si doy ahora este paso, estaré acercándome un poco más a lograr hacer lo que quiero.»
- «Sé que me sentiré mejor cuando esté, en realidad, en la situación.»
- «Siempre hay una manera de retirarme de la situación en caso de necesitarlo.»
- «Lo he manejado antes y puedo manejarlo ahora.»
- «Lo que me hace sentirme atrapado es sólo mi pensamiento. Puedo cambiar de forma de pensar y sentirme libre.»
- «No me pasará nada grave.»
- «No es tan malo como había imaginado.»
- «Si sigo practicando, todo será más fácil.»
- «Cualquier ansiedad que sienta no es más que un recordatorio de que debo utilizar mis habilidades para afrontarla.»
- «Esta sensación pasará y todo estará bien.»
- «No es más que adrenalina... pasará.»
- «Son sólo pensamientos, no realidad.»
- «Esta sensación o sentimiento no tiene nada de peligroso.»
- «Puedo manejarlo.»

Puede anotar alguna de estas frases en una pequeña tarjeta y llevarla encima cuando realice las sesiones prácticas.

Practique con regularidad

Idealmente, debería practicar la desensibilización aplicada a la vida real entre tres y cinco veces por semana. Las sesiones más largas, con varios intentos de exposición a la situación fóbica, tienden a producir resultados más rápidos que las sesiones más cortas. Siempre y cuando inicie la retirada cuando sea adecuado, es imposible que tenga un exceso de exposición en una sola sesión práctica (lo peor que puede ocurrir es que acabe algo cansado o agotado). «La clave del éxito de la exposición es su práctica regular y frecuente.»

Espere y sepa cómo manejar los contratiempos

No ser capaz de tolerar tanta exposición a una situación como toleraba previamente, es un fenómeno que forma parte normal de la recuperación. La recuperación no se produce de forma lineal. Habrán momentos estancados y regresiones, así como momentos de avance. Los contratiempos forman parte integral del proceso de recuperación. Sobre todo, no permita que un contratiempo le desanime de seguir practicando. Acháquelo a un mal día o a una mala semana y aprenda de él.

Esté preparado para experimentar emociones fuertes

Afrontar situaciones fóbicas que ha estado evitando durante mucho tiempo, suele despertar sentimientos anulados no sólo de ansiedad, sino también de rabia y dolor. Reconozca que es un fenómeno normal y que forma parte esperada del proceso de recuperación. Sepa que no pasa nada por tener estas sensaciones, aunque se sienta mal con ellas.

Siga hasta el final

Finalizar la terapia de exposición significa alcanzar un punto en que ya no se teme sufrir ansiedad en una situación que antes era problemática. (Evidentemente, esto no incluye situaciones extremas que cualquiera podría temer.) El proceso de recuperación se prolonga entre un mes y un año, dependiendo de cuántas fobias deba solucionar y de la frecuencia de práctica. Normalmente, no basta con sentirse cómodo con la mayoría de las situaciones y tener todavía un par de ellas con las que no se siente bien. Para liberarse para siempre de las fobias es importante seguir trabajando hasta llegar a un punto en el que pueda usted pasar por cualquier situación que las personas no fóbicas consideran como segura, y considere las reacciones de ansiedad como manejables y en absoluto peligrosas.

Olvídese de bastones y muletas

En las fases primeras e intermedias de la exposición, puede resultar necesario y útil el hecho de confiar en bastones y muletas, como una persona de apoyo, un tranquilizante o «dispositivos de seguridad». Si su objetivo es simplemente ser capaz de «afrontar» situaciones difíciles como conducir por una autopista, volar en avión o hablar en público, puede optar por seguir confiando indefinidamente en estos apoyos. Ahora bien, si su objetivo es «superar» plenamente su miedo, tendrá que acabar prescindiendo de todos esos bastones y muletas.

Desensibilización sistemática (o imaginativa)

¿Y si no es práctico afrontar su miedo en la vida real? Este sería el caso si el miedo fuese a viajar en un vuelo transoceánico. Puede utilizar, entonces, una técnica denominada desensibilización sistemática. Igual que sucede con la exposición real, la técnica descansa sobre una jerarquía de pasos que estimulan progresivamente la ansiedad. La diferencia estriba en que aquí la persona que se somete a la terapia se «visualiza» llevando a cabo esos pasos, en lugar de representarlos en la vida real. A veces, resulta útil llevar a cabo la desensibilización sistemática antes de afrontar una situación fóbica, mediante la exposición en la vida real.

Reglas a seguir en la desensibilización sistemática

Para diseñar su desensibilización sistemática, elija una situación fóbica concreta en la que desee trabajar; por ejemplo, viajar en avión. Entonces cree su jerarquía. Imagínese teniendo que afrontar esta situación de una forma muy limitada, una forma que apenas le preocupe. Puede crear el escenario imaginándose, en el espacio o en el tiempo, alejado de la total exposición a la situación, como en el aparcamiento del aeropuerto sin entrar en él o imaginando sus sentimientos un mes antes de tener que volar. O puede disminuir la dificultad de la situación visualizándose, junto con una persona de apoyo. Intente, de este modo, crear un ejemplo muy suave de su fobia y concíbalo como el primer paso de su jerarquía.

Imagínese cuál sería la escena más fuerte o más desafiante relacionada con su fobia y sitúela en el extremo opuesto como el paso más elevado de la jerarquía. En el caso del viaje en avión, dicho tramo sería emprender un vuelo transoceánico o tropezar con graves turbulencias en pleno vuelo. Ahora dedique un tiempo a imaginar ocho o más escenas de intensidad graduada relacionadas con su fobia y clasifíquelas de acuerdo con su potencial de provocar ansiedad. Las escenas intermedias del ejemplo del vuelo serían el momento de entrar en el avión, el momento en el cual la azafata cierra la puerta, el instante del despegue, etcétera. Si tiene pensado acabar enfrentándose a su miedo en la vida real, es deseable que las escenas se correspondan a cosas que acabará haciendo cuando llegue el momento. Sitúe las escenas en orden ascendente entre los dos extremos que ya ha definido.

Procedimiento básico de la desensibilización sistemática (imaginaria)

1. Dedique unos minutos a relajarse. Utilice la relajación muscular progresiva o cualquier otra técnica de relajación que le resulte eficaz.

2. Visualícese en una escena tranquila. Se trata de un lugar relajante que pueda imaginarse mentalmente con detalle. Puede ser una escena al aire libre (como una playa, un campo o las montañas), de interior (acurrucado junto a una chimenea), o puede ser completamente imaginada. Se trata, sobre todo, de un lugar donde se sienta seguro. Pase un minuto allí.

3. Visualícese en la primera escena de su jerarquía. Quédese allí por un espacio de tiempo entre treinta segundos y un minuto, intentando imaginárselo todo con el máximo de detalle posible, como si estuviese allí. Imagínese en acción, tranquilo y confiado. Si no siente ningún tipo de ansiedad, o muy poca, pase a la siguiente escena de la jerarquía.

4. Por lo contrario, si experimenta una ansiedad entre leve y moderada, intente permanecer entre treinta segundos y un minuto en la escena, intentando relajarse en ella. Puede hacerlo expulsando, mediante la respiración, las sensaciones de ansiedad que su cuerpo experimente, o repitiendo una afirmación tranquilizante como «Estoy calmado y cómodo». Imagínese controlando la situación de manera tranquila y confiada.

5. Después de un minuto de exposición, retírese de la escena fóbica y diríjase a su escenario de calma. Pase allí un minuto, o el tiempo suficiente como para relajarse por completo. Luego repita la visualización de la escena fóbica del paso 4 durante un tiempo entre treinta segundos y un minuto. Siga alternando entre una escena fóbica y su escena relajante (un minuto en cada una) hasta que la escena fóbica pierda su capacidad de despertar ansiedad. Entonces estará listo para pasar al siguiente paso de la jerarquía.

6. Si la visualización de una escena concreta le provoca fuerte ansiedad, especialmente si nota que se acerca el pánico (véase la Escala de Ansiedad que aparecía al principio del capítulo), no pase allí más de diez segundos. Retírese inmediatamente a su escenario relajante y permanezca allí hasta que esté completamente relajado. Expóngase gradualmente a las escenas más difíciles, alternando breves intérvalos de exposición con la retirada a la escena relajante. Si una escena concreta de la jerarquía sigue causándole dificultades, seguramente necesitará añadir un nuevo paso, un paso intermedio entre el último paso que ha completado con éxito y el que le resulta problemático.

7. Siga ascendiendo por la jerarquía paso a paso. Generalmente, necesitará un mínimo de dos exposiciones por escena para disminuir la ansiedad que le produce. Tenga presente que es·importante no pasar a un paso más avanzado hasta sentirse completamente a gusto en el anterior. Practique la desensibilización sistemática entre quince y veinte minutos diarios. Inicie cada sesión práctica no con un nuevo paso, sino con el último tramo negociado con éxito. Luego avance hacia un nuevo paso.

5

Practique ejercicio con regularidad

Al final de este capítulo...

Sabrá cómo:

- Maximizar los efectos reductores del estrés que posee el ejercicio.
- Desarrollar el programa de ejercicios que se adapte mejor a sus necesidades.
- Conocer las excusas más habituales para no hacer ejercicio.

Puede huir corriendo (o nadando, si lo prefiere) de sus miedos

El ejercicio regular y vigoroso es uno de los métodos más potentes y efectivos para disminuir la ansiedad. Cuando experimentamos ansiedad, la reacción natural del cuerpo, de presentar batalla o salir huyendo (la liberación repentina de adrenalina en respuesta a una amenaza) resulta excesiva. El ejercicio es una salida natural para el cuerpo que se encuentra en estado de presentar batalla o salir huyendo. El ejercicio regular disminuye, además, la tendencia a experimentar ansiedad de anticipación hacia situaciones fóbicas y acelera la recuperación de todo tipo de fobias.

El ejercicio no sólo fortalece los músculos

El ejercicio regular tiene un impacto directo sobre diversos factores físicos relacionados con la ansiedad y, como consecuencia de ello, refuerza las defensas contra la ansiedad. Entre estos beneficios físicos destacan:

- Disminución de la tensión óseo muscular, en gran parte responsable de la sensación de estar tenso o «tieso» que sentimos con la ansiedad.
- Metabolismo más rápido del exceso de adrenalina y tiroxina que circula en la sangre, cuya presencia nos mantiene en un estado constante de excitación y alerta.
- Descarga de la frustración reprimida, que puede agravar las reacciones fóbicas.
- Mejora de la oxigenación de la sangre y del cerebro, que aumenta la atención y la concentración.
- Estimulación de la producción de «endorfinas», sustancias naturales parecidas a la morfina, tanto en su composición química como en su efecto sobre la sensación de bienestar.
- Aumento de los niveles de serotonina (un importante neurotransmisor) en el cerebro, que ayudan a superar, tanto los estados depresivos como de ansiedad.
- Disminución del pH (aumento de acidez) de la sangre, lo que aumenta los niveles de energía.
- Mejora de la circulación.
- Mejora de la digestión y de la utilización de los alimentos.
- Mejora de la eliminación (piel, pulmones e intestino).
- Disminución de los niveles de colesterol.
- Disminución de la presión arterial.
- Pérdida de peso, así como de apetito, en muchos casos.
- Mejora de la regulación de azúcar en sangre (en el caso de hipoglucemia).

Y estos cambios físicos van acompañados de diversos beneficios psicológicos, destacando entre ellos:

- Aumento de los sentimientos subjetivos de bienestar.
- Disminución de la dependencia del alcohol y las drogas.
- Disminución del insomnio.
- Mejora de la concentración y la memoria.
- Disminución de la depresión.
- Aumento de la autoestima.
- Mayor sensación de control sobre la ansiedad.

¿Está listo para realizar un programa de ejercicio?

Existen diversas afecciones físicas que limitan la cantidad y la intensidad del ejercicio que debería llevar a cabo. Formúlese las ocho preguntas que siguen antes de iniciar un programa regular de ejercicio. Si la respuesta a cualquiera de ellas es «sí», consulte con su médico antes de iniciar la rutina de ejercicios. Le recomendará un programa de ejercicio restringido o supervisado, de acuerdo con sus necesidades.

1. ¿Le ha mencionado el médico, en alguna ocasión, que sufriera un problema de corazón?
2. ¿Sufre dolores frecuentes en el pecho o el corazón?
3. ¿Siente a menudo debilidad o mareos?
4. ¿Le ha mencionado el médico, en alguna ocasión, que tuviera problemas de huesos o articulaciones (como la artritis) que se agraven con el ejercicio?
5. ¿Le ha mencionado el médico, en alguna ocasión, que tuviera la presión arterial excesivamente elevada?
6. ¿Tiene diabetes?
7. ¿Tiene más de cuarenta años y no está acostumbrado al ejercicio vigoroso?
8. ¿Existe alguna razón física, no contemplada aquí, por la que no debería seguir un programa de ejercicio?

Si ha respondido «no» a las preguntas anteriores, puede iniciar sin problemas un programa de ejercicio. Empiece despacio y aumente gradualmente la actividad a lo largo de las semanas. Si tiene más de cuarenta años y no está acostumbrado al ejercicio, sométase a una exploración física por parte del médico antes de iniciar el programa de ejercicio. Puede resultarle también útil tener otra persona que le apoye y hacer deporte juntos. Si siente fobia respecto al ejercicio, el programa de exposición gradual le ayudará a insensibilizarse, igual que lo haría con cualquier otra fobia (véase capítulo 4).

Cómo optimizar los efectos reductores de la ansiedad del ejercicio

Para que el impacto sobre la ansiedad sea significativo, el ejercicio debe ser de suficiente regularidad, intensidad y duración. Piense en los siguientes estándares:

- Idealmente, el ejercicio debería ser «aeróbico».
- La frecuencia óptima es de «cuatro o cinco veces» por semana.
- La duración optima es de entre «veinte minutos y media hora» o más, por sesión.
- La intensidad optima del ejercicio aeróbico es una frecuencia cardíaca de (220 – su edad) x 0,75 durante, al menos, diez minutos.

Pulsaciones aeróbicas por edad

Edad	Pulsaciones
20-29	145-164
30-39	138-156
40-49	130-148
50-59	122-140
60-69	116-132

No haga ejercicio sólo una vez por semana. Realizar ejercicio vigoroso ocasionalmente es estresante para el cuerpo y suele hacer más mal que bien. (Caminar es una excepción.)

Haga ejercicio según sus necesidades

El tipo de ejercicio que seleccione depende de sus objetivos. El ejercicio aeróbico es normalmente el más efectivo para disminuir la ansiedad. El ejercicio aeróbico exige una actividad sostenida de los músculos largos. Disminuye la tensión ósea y mejora el estado físico del aparato cardiovascular, es decir, la capacidad del sistema circulatorio de proporcionar oxígeno con mayor eficiencia a los tejidos y células. El ejercicio aeróbico regular disminuye el estrés y aumenta la moral. Los ejercicios aeróbicos más comunes son correr, nadar, clases de aeróbic, bicicleta y caminar rápido.

Más allá de la puesta en forma aeróbica, el ejercicio debería tener otros objetivos. Si para usted es importante reforzar los músculos, debería incluir en el programa el levantamiento de pesas o el ejercicio isométrico. (Si tiene algún problema de corazón o angina de pecho, no debería realizar levantamientos de pesas.) El ejercicio con estiramientos, como el baile o el yoga, es ideal para desarrollar la flexibilidad muscular y es un buen complemento del ejercicio aeróbico. Si quiere perder peso, lo más efectivo es correr o practicar bicicleta. Si lo importante es descargar su agresividad y frustración, pruebe con deportes competitivos. Finalmente, si lo único que desea es estar más en contacto con la naturaleza, lo adecuado sería el senderismo o la jardinería. El excursionismo duro, puede aumentar tanto la fuerza como la resistencia.

A mucha gente le va bien ir cambiando el tipo de ejercicio que realiza. Practicar dos o tres formas distintas de ejercicio, en días alternos, es lo que se conoce como *cross training*. Esta modalidad, al ejercitar distintos grupos musculares, le ofrece la oportunidad de desarrollar una puesta en forma más equilibrada. Las combinaciones más populares son las que alternan el ejercicio aeróbico (como correr o bicicleta tres o cuatro veces por semana) y un ejercicio de socialización (como el golf) o en ejercicio de pesas, dos veces por semana. Seguir un programa con dos tipos distintos de ejercicio, evita acabarse aburriendo de cualquiera de ellos.

Lo que sigue a continuación son breves descripciones de algunos de los tipos más comunes de ejercicio aeróbico. Cada tipo tiene sus ventajas y posibles inconvenientes.

Correr

Durante muchos años, correr o caminar rápido ha sido la forma más popular de ejercicio aeróbico, tal vez por lo cómodo que resulta. El único equipo que se necesita son unas zapatillas de deporte y, en muchos casos, basta con cruzar la puerta para ponerse a ello. Correr es una de las mejores formas de ejercicio que existe para perder peso, ya que quema rápidamente calorías. Numerosos estudios han demostrado sus beneficios para la depresión, porque aumenta los niveles de serotonina y endorfina en el cerebro. Correr disminuye la ansiedad, porque metaboliza el exceso de adrenalina y libera la tensión muscular y ósea. Correr cinco kilómetros (unos treinta minutos) cuatro o cinco veces por semana ayuda, en mucho, a disminuir nuestra vulnerabilidad a la ansiedad.

El inconveniente de correr es que, con el tiempo, es un ejercicio que aumenta las probabilidades de sufrir lesiones. En particular, si corre sobre superficies duras, el contacto constante de las articulaciones puede producir problemas de pies, rodillas y espalda. El riesgo de sufrir lesiones se minimiza de la siguiente forma:

- Utilizando calzado adecuado que minimice el contacto entre articulaciones.
- Corriendo sobre superficies blandas, preferiblemente hierba, ceniza, una pista o la zona dura de la playa. Evite el cemento siempre que sea posible; el asfalto es una superficie correcta si dispone de un buen calzado y no corre a diario.
- Calentando antes de empezar. Intente, durante un minuto o dos, correr muy lentamente.
- Alternando el correr con otros tipos de ejercicio. Evite correr a diario.

Si correr al aire libre representa un problema debido al tiempo, la ausencia de superficie blanda, la contaminación o el tráfico, puede invertir en una cinta automática para correr. Para que no le resulte tan aburrido, colóquela delante de la televisión o del vídeo.

Natación

La natación es un ejercicio especialmente adecuado porque utiliza muchos músculos de todo el cuerpo. Los médicos suelen recomendar la natación a personas con problemas musculares y óseos, lesiones o artritis, porque minimiza el choque de las articulaciones. No sirve para perder tanto peso como correr, pero ayuda a mantener el cuerpo más firme.

En cuanto a su aspecto aeróbico, lo mejor es nadar practicando el estilo libre durante veinte o treinta minutos, preferiblemente cuatro o cinco veces por semana. Para un ejercicio moderado y relajante, la braza es una buena alternativa. Como regla, lo mejor es nadar en una piscina climatizada donde la temperatura del agua sea de entre veinticuatro y veinticinco grados.

El principal inconveniente de la natación es el elevado nivel de cloro que tienen muchas piscinas. El cloro puede ser muy irritante para los ojos, la piel o el cabello, así como para las membranas de las vías respiratorias altas. Puede contrarrestarlo, en parte, utilizando gafas y una pinza para la nariz. Si está de suerte, tal vez encuentre una piscina donde se utilice como desinfectante peróxido de hidrógeno u ozono. Si frecuenta una piscina con cloro, enjabónese siempre después en la ducha.

Bicicleta

Ir en bicicleta se ha convertido en una forma muy popular de ejercicio aeróbico en los últimos años. Mientras que comparte muchos de los beneficios del correr, es menos dañino para las articulaciones. Para conseguir beneficio aeróbico es necesario montar en bicicleta vigorosamente (aproximadamente veinticinco kilómetros por hora, o más, en superficies planas). Cuando hace buen tiempo, ir en bicicleta puede ser muy agradable, especialmente si disfruta de alrededores bonitos y con poco tráfico o de un carril bici especialmente concebido para ello. Si el tiempo impide practicar bicicleta, necesitara una máquina estática que puede colocar delante de la televisión o vídeo.

Si quiere practicar la bicicleta al aire libre, deberá realizar una inversión inicial en una buena máquina. Puede pedírsela prestada a alguien hasta que se sienta seguro de gastarse un buen dinero. Asegúrese de que la bicicleta que compra está diseñada adecuadamente y tiene el tamaño correcto para usted, de lo contrario podría tener problemas. Una buena inversión es un sillín bien acolchado.

Cuando practique la bicicleta, concédase primero unos cuantos meses de plazo para llegar a los veinticinco kilómetros por hora de velocidad de crucero. Una hora de bicicleta, de tres a cinco veces por semana, es suficiente. Lleve siempre el casco y evite circular de noche.

Clases de aeróbic

Las clases de aeróbic suelen consistir en estiramientos de calentamiento y ejercicios aeróbicos dirigidos por un profesor. Se realizan normalmente acompañados por música. Las clases de los gimnasios ofrecen distintos niveles para participantes principiantes, con nivel intermedio o avanzado. Ya que algunos ejercicios pueden resultar traumáticos para las articulaciones, busque una clase de aeróbic de «impacto bajo». El formato estructurado de las clases de aeróbic es una forma excelente de motivarle a realizar ejercicio. Si prefiere practicar en casa, hay muchos vídeos de aeróbic disponibles.

Si se decide por este tipo de ejercicio, asegúrese de utilizar un buen calzado que estabilice sus pies, absorba los golpes y minimice las torceduras. Es mejor realizar los ejercicios sobre una superficie de madera y evitar, a ser posible, las alfombras gruesas. Son suficientes entre cuarenta y cinco minutos y una hora (incluyendo el calentamiento), de tres a cinco veces por semana.

Caminar

Caminar tiene ventajas sobre otros tipos de ejercicio. En primer lugar, no requiere entrenamiento (ya sabe cómo hacerlo). En segundo lugar, no requiere ningún tipo de equipo especial que no sea un par de zapatos, y además puede practicarse en cualquier lugar (incluso en un centro comercial, si es necesario). Las probabilidades de sufrir lesiones son inferiores a las que presenta cualquier otro tipo de ejercicio. Finalmente, es la forma de actividad más natural. Todos tenemos una inclinación natural hacia caminar. Hasta que la sociedad se hizo sedentaria, era una parte natural de la vida.

Caminar para relajarse y distraerse es una cosa; otra es hacerlo como ejercicio aeróbico. Para que andar se convierta en un ejercicio aeróbico, póngase como objetivo una hora de caminar a paso ligero y en la cual recorrer cinco kilómetros. Caminar entre veinte y treinta minutos no es suficiente para este objetivo. Si convierte el caminar en su ejercicio regular, practíquelo entre cuatro y cinco veces por semana, preferiblemente al aire libre. Si nota que con una hora de caminar a paso ligero no tiene suficiente, intente a añadirle caminar con pesas en las manos o buscar una zona de terreno con desniveles. Las cintas para correr en el interior de casa también pueden ajustarse para caminar.

Cuando pueda caminar cómodamente cinco kilómetros sin detenerse, plantéese la práctica del senderismo en el campo y la montaña. El senderismo y el aire libre revitalizan, tanto el alma como el cuerpo.

Ejercite su derecho a divertirse

El ejercicio debería resultar interesante y divertido; es importante conseguir sentirse interesado pronto para seguir practicándolo. Hay varias maneras de hacerlo. Si no tiene limitaciones para practicarlo al aire libre, salga y haga ejercicio en un lugar natural que le resulte atractivo, como un parque, o incluso mejor, en el campo. Si realiza un ejercicio individual, como la natación, la bicicleta o correr, intente buscar alguien con quien practicarlo conjuntamente en alguna ocasión. Si necesita hacer ejercicio en el interior de su casa, debido a sus limitaciones personales o al clima, ponga música o mire un vídeo mientras corre en la bicicleta estática o la cinta. ¡Hay quien incluso se dedica a aprender idiomas mientras hace ejercicio!

No permita que las excusas puedan con usted

¿Percibe una explosión repentina de sus poderes creativos cuando llega el momento de pensar en excusas para no hacer ejercicio? De ser así, no está solo, pero eso no significa que deba sucumbir a estas excusas y permitir que socaven su decisión. Veamos a continuación una lista de las excusas más comunes para evitar el ejercicio y las maneras de contraatacarlas.

- **«No tengo tiempo.»** Lo que en realidad está diciendo es que no está dispuesto a tener tiempo. No está asignándole la suficiente importancia a la mejora de forma física y al control sobre la ansiedad que obtendría, con toda seguridad, del ejercicio. El problema no es una cuestión de tiempo sino de prioridades.
- **«Estoy demasiado cansado como para hacer deporte.»** Una solución es realizar el ejercicio antes de ir a trabajar, o durante la hora de la comida, en lugar de practicarlo al final de la jornada. Si es imposible, no ceda. De lo que no se dan cuenta muchas personas que no hacen ejercicio es que el ejercicio moderado puede, en realidad, «superar» el cansancio. Mucha gente hace deporte «a pesar» de sentirse cansada y se encuentra luego rejuvenecida y con nuevas energías. Todo será más fácil una vez haya superado la inercia inicial de empezar a hacer deporte.

- «**El ejercicio aburre... no es divertido.**» ¿Es realmente cierto que todas las actividades listadas antes le resultan aburridas? ¿Las ha probado todas? Puede que para divertirse necesite encontrar alguien que le acompañe. O quizás precise alternar entre dos tipos de ejercicio para estimular su interés. El deporte empieza a parecer maravilloso después de unos meses, cuando se convierte en algo que recompensa, lo mires por donde lo mires, aunque pareciera difícil de entrada.

- «**Ir a algún sitio a hacer deporte es demasiado complicado.**» No es ningún problema, ya que hay distintas maneras de poder hacer ejercicio vigoroso en casa. Las bicicletas estáticas y las cintas para correr se han hecho muy populares y veinte minutos diarios en una de esas máquinas van muy bien. Si le parece aburrido, inténtelo con un CD o un casete portátil o coloque el aparato frente al televisor. El ejercicio aeróbico en casa es cómodo y divertido si tiene un vídeo. El famoso vídeo de aeróbic de bajo impacto, de Jane Fonda es muy bueno para empezar. Otras actividades que pueden realizarse en casa son saltar a la cuerda, calistenia, aparato de remos o máquinas con pesos ajustables. Si no puede pagarse estos aparatos o un vídeo, ponga música y baile durante veinte minutos. En resumen, es perfectamente posible desarrollar un programa de ejercicio adecuado sin moverse de casa.

- «**El ejercicio produce una acumulación de ácido láctico, ¿no es una de las causas de los ataques de pánico?**» Cierto es que el ejercicio aumenta la producción de ácido láctico y que este puede provocar la aparición de ataques de pánico en personas que ya son propensas a ellos. Sin embargo, el ejercicio regular aumenta también la «circulación de oxígeno» en el organismo, es decir, la capacidad de oxidación de sustancias que el organismo ya no necesita. Cualquier aumento de ácido láctico producido por el ejercicio quedará superado por la capacidad mejorada del organismo para eliminarlo. El efecto neto del ejercicio regular es una «disminución» general de la tendencia del organismo a acumular ácido láctico.

- «**Tengo más de cuarenta, ya estoy demasiado viejo como para empezar a hacer deporte.**» A menos que su médico le dé directrices claras para no hacer deporte, la edad no es nunca una excusa válida. Con paciencia y perseverancia, es posible adquirir una forma física estupenda, prácticamente a cualquier edad.

- «**Tengo sobrepeso y no estoy en forma**» o «**Tengo miedo de sufrir un infarto si fuerzo el cuerpo con ejercicio demasiado vigoroso.**» «Si tiene motivos físicos para preocuparse por forzar el corazón, conciba un programa de ejercicio con la ayuda de su médico». Caminar rápido es un ejercicio seguro para prácticamente todo el mundo y muchos médicos lo consideran como el ejercicio ideal ya que apenas provoca lesiones musculares u óseas. La natación es también una apuesta segura si no está enfermo o sufre sobrepeso. Sea sensible y realista con respecto al programa de ejercicios elegido. Lo importante es ser consistente y comprometerse, tanto si el programa consiste en caminar una hora diaria como si se trata de entrenarse para una maratón.

- **«Ya lo probé una vez y no me funcionó.»** La pregunta a formularse en este caso es por qué no funcionó. ¿Empezó demasiado fuerte o demasiado rápido? ¿Se aburría? ¿Sucumbió ante las primeras molestias y dolores? ¿Se sentía solo? Tal vez ha llegado el momento de darse una nueva oportunidad para descubrir todos los beneficios físicos y psicológicos de un programa regular de ejercicio.

El ejercicio regular es un componente esencial del programa general que presentamos en este libro para combatir la ansiedad, las preocupaciones y las fobias. Si combina el ejercicio aeróbico regular con un programa de relajación profunda también regular, experimentará una disminución sustancial de la ansiedad generalizada. El ejercicio y la relajación profunda son los dos métodos «más efectivos» para alterar la predisposición hereditaria y bioquímica a sufrir ansiedad, la parte de su ansiedad que lleva dentro de sí, no aprendida.

6

Coma bien para estar tranquilo

Al final de este capítulo...

Sabrá cómo:

- Desengancharse de la cafeína.
- Minimizar el consumo de azúcar y controlar la hipoglucemia.
- Elegir una infusión relajante.

Terrenos para la ansiedad

El consumo de cafeína, sobre todo en forma de café, es endémico de nuestra cultura y es incluso algo así como un rito de iniciación. Para muchos, confiar en «esa taza de café por la mañana» es un paso destacado en el camino hacia la madurez y puede coincidir con el inicio de las responsabilidades de adulto. Pero la cafeína, en todas sus formas, aunque considerada a menudo como un elemento de ayuda, puede provocar estados físicos que precipiten la ansiedad. De hecho, es el elemento dietético nocivo más destacado. La cafeína aumenta el nivel de noreprinefrina en el cerebro, lo que provoca un estado de alerta, la ausencia de somnolencia y eleva la actividad del sistema nervioso simpático y la producción de adrenalina, igual que lo haría el estrés. Además, la cafeína nos roba vitamina B1 (tiamina), una de las llamadas vitaminas antiestrés. En resumen, un exceso de cafeína puede llevarnos a un estado de tensión y excitación crónica que nos hace más vulnerables a la ansiedad.

¿Cuánto es demasiado?

Como regla general, y para minimizar su efecto estimulador de la ansiedad, deberíamos disminuir el consumo total de cafeína a «menos de 100 miligramos diarios». Esto se traduce a una taza de café o un refresco de cola, como máximo, al día.

Tenga en cuenta, no obstante, que la cafeína produce efectos de sensibilización muy distintos en cada persona. Hay quien puede tomarse cinco tazas de café al día y no sentir apenas efectos, mientras que en el extremo opuesto se encuentran personas que se ponen como una moto con un refresco de cola o una sola taza de café. Igual que sucede con cualquier droga adictiva, el consumo crónico de cafeína produce un aumento de su tolerancia y la posible aparición de síndrome de abstinencia. Si lleva tiempo bebiendo cinco tazas de café al día y corta en seco para pasar a sólo una, puede que sufra síntomas de síndrome de abstinencia, destacando entre ellos depresión, cansancio y cefaleas. Es mejor desengancharse gradualmente a lo largo de un período de varios meses. Por ejemplo, de cinco tazas al día a cuatro durante un mes, luego dos o tres tazas al día durante el mes siguiente, y así sucesivamente. Hay personas que prefieren sustituirlo por café descafeinado, que tiene cerca de cuatro miligramos de cafeína por taza, mientras que otras prefieren sustituirlo por infusiones. Experimente un poco para descubrir cuál debería ser su consumo óptimo de cafeína. Para la mayoría de las personas que tienden a sufrir ansiedad, esa cantidad resulta ser inferior a 100 miligramos diarios. Si sufre ataques de pánico, lo mejor sería cortar totalmente el consumo de cafeína.

Contenido de cafeína de bebidas de consumo habitual

Bebidas calientes	**(cafeína por taza)**
Café expreso	146 mg
Café instantáneo	66 mg
Café americano	110 mg
Cacao	13 mg
Café descafeinado	4 mg
Té de hierbas, cinco minutos de infusión	40 mg
Bolsa de té, cinco minutos de infusión	46 mg
Bolsa de té, un minuto de infusión	28 mg
Refrescos con cola (cafeína por lata 33 cc)	43-65 mg
Medicamentos con cafeína (cafeína por pastilla)	32-200 mg
Chocolate (cafeína por tableta)	25 mg

El azúcar no lo endulza todo

¿Cree en la reencarnación? De ser así, algo podemos decirle con toda seguridad sobre sus anteriores vidas: a menos que fuera inmensamente rico, no habría tenido la oportunidad de consumir mucho azúcar. No habría devorado los casi «cincuenta kilos» anuales que consumen de media los estadounidenses.

El aumento del consumo de azúcar se inició en el siglo XX y está llegando a alturas sin precedentes. En la dieta diaria es frecuente incluir uno o dos postres y tentempiés que nadan en azúcar. Además, desde las salsas preparadas hasta la carne en conserva, pasando por los cereales y muchas bebidas... todo contiene azúcar.

La montaña rusa del azúcar

Nuestros cuerpos no están equipados para procesar rápidamente grandes dosis de azúcar y por ello se produce a menudo un desequilibrio crónico del metabolismo del azúcar. Para algunos, esto significa niveles de azúcar elevados, o diabetes, enfermedad que se ha disparado en la actualidad. Para muchos más, no obstante, el problema es exactamente el contrario: caídas periódicas de los niveles de azúcar en sangre, que desencadenan una afección conocida como «hipoglucemia».

Azúcar bajo, ansiedad alta

Los síntomas de la hipoglucemia tienden a aparecer cuando los niveles de azúcar caen por debajo de 50 o 50 miligramos por mililitro, o cuando caen repentinamente desde un nivel muy elevado a un nivel muy bajo. Típicamente, esto se produce en torno a las dos o tres horas después de comer. Puede también producirse «simplemente como una respuesta al estrés», ya que el organismo bajo estrés quema azúcar muy rápidamente. Los síntomas más comunes de la hipoglucemia son:

- Mareos.
- Nerviosismo.
- Temblores.
- Sensación de inestabilidad o debilidad.
- Irascibilidad.
- Palpitaciones.

¿Reconoce estos síntomas? ¡Todos son también síntomas de ansiedad! De hecho, para algunas personas, las reacciones de ansiedad pueden en realidad estar provocadas por una hipoglucemia. Generalmente, la ansiedad disminuye después de comer algo, lo que hace que los niveles de azúcar en sangre asciendan. Una forma informal, no clínica, de diagnosticar la hipoglucemia, consiste en determinar si alguno de los síntomas antes mencionados se presenta entre tres y cuatro horas después de comer, y si luego desaparecen tan pronto como cualquier cosa.

El nivel de azúcar en sangre cae en picado cuando el páncreas libera un exceso de insulina. La insulina es una hormona que sirve para que las células capten el azúcar que circula en la sangre. (Esta es la razón por la cual se utiliza en el tratamiento de la diabetes para disminuir los niveles excesivos de azúcar en sangre.) Cuando se produce una hipoglucemia, el páncreas tiende a disparar su producción de insulina. Cuando ingerimos un exceso de azúcar, podemos tener un aumento temporal de éste, seguido, media hora después, por la caída que se produce en el momento en que el organismo genera mucha insulina.

Esto puede suceder también como respuesta a un estrés repentino o crónico. El estrés puede provocar una caída rápida del azúcar en sangre. Se experimenta entonces confusión, ansiedad, desorientación y temblores porque el cerebro no recibe suficiente azúcar, lo que genera una respuesta de estrés secundaria.

Cuando los niveles de azúcar caen demasiado bajo, las glándulas suprarrenales entran en acción y liberan adrenalina y cortisol, lo que provoca más ansiedad y excitación. Esto tiene el objetivo concreto de obligar al hígado a liberar azúcar almacenado, que servirá para devolver a la normalidad los niveles de azúcar en sangre. Por lo tanto, los síntomas subjetivos de la hipoglucemia surgen tanto por un déficit de azúcar en sangre como por una respuesta secundaria de estrés provocada por las glándulas suprarrenales.

Darle el quite a la hipoglucemia

¿Cómo controlar la hipoglucemia? Afortunadamente, es bastante posible superar los problemas que provocan los niveles bajos de azúcar llevando a cabo diversos cambios dietéticos y tomando varios suplementos.

Implemente las siguientes normas si sospecha que sufre hipoglucemia, o si se la han diagnosticado formalmente. El resultado será un estado de ansiedad menos generalizado y un aumento de la sensación de serenidad. También se percatará de que tiende menos a la depresión y a los cambios de humor.

Modificaciones dietéticas para la hipoglucemia

- Elimine de la dieta, en todo lo posible, cualquier tipo de azúcar sencillo. En ello se incluyen, evidentemente, comidas que contengan azúcar blanco, como caramelos, helados, postres y refrescos. Incluye también formas más sutiles de azúcar, como dextrosa, maltosa, miel, jarabes con fructosa, edulcorantes, melazas y fructosa. Lea las etiquetas de todos los alimentos preparados para detectar las diversas formas de azúcar.
- Sustituya frutas (exceptuando los frutos secos, que tienen una concentración excesiva de azúcar) por dulces. Evite los zumos de fruta o dilúyalos con una cantidad equivalente de agua.
- Disminuya o elimine féculas simples como la pasta, cereales refinados, patatas fritas, arroz blanco y pan blanco. Sustitúyalas por carbohidratos complejos como panes y cereales integrales, verduras, arroz integral y otros granos enteros.
- Realice un tentempié entre las comidas principales a base de carbohidratos complejos y proteínas (atún y galletas saladas, o tostadas integrales con queso). Si se despierta de madrugada, descubrirá también que un pequeño tentempié le ayuda a conciliar el sueño un par de horas más. Como alternativa a los tentempiés entre comidas, puede probar también consumir cinco pequeñas comidas diarias que no estén separadas entre sí por más de dos o tres horas. El objetivo de cualquiera de estas opciones es mantener un nivel regular de azúcar en sangre.

Suplementos

Los complejos de vitamina B, vitamina C y el cromo (factor de tolerancia a la glucosa) ayudan también a estabilizar los niveles de azúcar en sangre. Los complejos vitamínicos resultan útiles porque aumentan su resistencia al estrés. Las vitaminas B regulan además los procesos metabólicos que convierten en el organismo los carbohidratos en azúcar. El cromo posee un efecto directo y estabilizador sobre el nivel de azúcar en sangre. Veamos a continuación, las pautas de administración de estos suplementos.

- **Complejo de vitaminas B.** 25-100 miligramos de las once vitaminas B una vez al día junto con una comida.
- **Vitamina C.** 1.000 miligramos una o dos veces al día con las comidas.
- **Cromo orgánico trivalente.** 200 miligramos diarios. Disponible en herboristerías.

Acerque su dieta al vegetarianismo

Un cambio dietético hacia el vegetarianismo ayuda a tener una disposición más tranquila y menos tendente a la ansiedad. Si está acostumbrado a comer carne, productos lácteos, queso y huevos, no es necesario, ni tan siquiera aconsejable, excluir todas las fuentes de proteínas animales de su dieta. Con abandonar sólo la carne roja, por ejemplo, o restringir el consumo de leche de vaca (y consumir, en cambio, leche de soja) puede tener un efecto beneficioso y notable.

¿Cómo puede el vegetarianismo conducir a un estado más tranquilo? La carne, las aves, la leche, el queso y los huevos, junto con el azúcar y los productos de harina refinada, son «alimentos que generan ácidos». No se trata de alimentos necesariamente ácidos por su composición, pero sí que dejan un residuo ácido en el organismo después de ser metabolizados, que hace que el cuerpo en sí sea más ácido. Esto puede generar dos tipos de problemas.

1. Cuando el cuerpo es más ácido, el tiempo de tránsito de los alimentos a través del sistema digestivo aumenta hasta el punto en que las vitaminas y los minerales no se asimilan correctamente. Esta absorción inadecuada y selectiva de las vitaminas, especialmente de las vitaminas B, la vitamina C y los minerales, puede sutilmente irse sumando a la carga de estrés del cuerpo y finalmente llevar a una malnutrición. La administración de suplementos no corrige necesariamente esta afección, a menos que pueda digerirlos y absorberlos correctamente.

2. Los alimentos generadores de ácido, sobre todo las carnes, pueden crear productos de descomposición metabólica que son congestivos para el organismo. Esto es especialmente cierto si el estrés está ya presente y los alimentos proteicos se digieren con dificultad. El resultado es una tendencia a acabar sintiéndose más lento, cansado y con un exceso de mucosidad y problemas de senos nasales. A pesar de que es cierto que esta congestión no es exactamente lo mismo que la ansiedad, lo que es seguro es que suma estrés al cuerpo, lo que, a su vez, agrava la tensión y la ansiedad. Cuanto más libre esté el organismo de congestiones debidas a los alimentos generadores de ácidos, se sentirá más ágil de cuerpo y pensamiento. Tenga en cuenta, también, que muchos medicamentos tienen en el organismo una reacción ácida que puede producir el mismo tipo de problemas que los alimentos generadores de ácido.

Para mantener el cuerpo en el equilibrio adecuado ácido-alcalino, es conveniente disminuir el consumo de alimentos generadores de ácido. La mayoría de productos animales, azucares y harinas refinadas, son generadores de ácido y aumentan la acidez del organismo. Entre los alimentos alcalinos destacan todas las verduras, la mayoría de las frutas (exceptuando ciruelas y uvas), los cereales integrales como el arroz integral, mijo y alforfón, y judías. Idealmente, entre el 50 y el 60 por ciento de las calorías consumidas deberían proceder de estos alimentos, aunque en invierno es correcto comer un porcentaje algo superior de proteínas animales. Intente incluir más alimentos alcalinos en su dieta y compruebe si se siente distinto. Aumentar el número de alimentos alcalinos de la dieta no debería llevarle a disminuir el consumo de proteínas.

Aumente la cantidad de proteínas con relación a los carbohidratos que consume

Hasta hace poco, los nutricionistas aconsejaban consumir una cantidad elevada de carbohidratos complejos (por ejemplo, cereales integrales, pasta y pan)... hasta un 70 por ciento de las calorías. La idea era que un exceso de grasa animaba la aparición de enfermedades cardiovasculares y un exceso de proteínas producía un exceso de acidez y toxicidad en el cuerpo. Se pensaba que la dieta ideal debía consistir en entre un 15 y un 20 por ciento de grasas, entre un 15 y un 20 por ciento de proteínas y el resto de carbohidratos.

En los últimos años, sin embargo, se han acumulado pruebas contra la idea de consumir cantidades elevadas de carbohidratos. El cuerpo utiliza los carbohidratos para producir azúcar o glucosa, el tipo de azúcar que el cuerpo y el cerebro utilizan como energía. El páncreas segrega insulina para transportar la glucosa a las células. Consumir niveles elevados de carbohidratos significa que el cuerpo produce niveles más elevados de insulina, y un exceso de insulina posee un efecto adverso sobre algunos de los sistemas básicos hormonales y neuroendocrinos del organismo, especialmente los que producen prostaglandinas y serotonina.

En resumen, consumir cantidades elevadas de dulces, cereales, pan, pasta o incluso granos (como el arroz) o verduras con fécula (como zanahorias, maíz y patatas), puede aumentar los niveles de insulina hasta el punto de desequilibrar otros sistemas básicos. La respuesta no es eliminar los carbohidratos complejos, sino reducirlos «proporcionalmente» a las cantidades de proteínas y grasas que consumimos, sin aumentar la cantidad total de calorías de la dieta. Haciendo esto, no sólo no acabará consumiendo una dieta rica en grasas y proteínas, sino que seguirá comiendo grasas y proteínas moderadamente «disminuyendo la cantidad de carbohidratos de cada comida en relación con las grasas y proteínas». La razón óptima debe ser del 30 por ciento de proteínas, 30 por ciento de grasas y 40 por ciento de carbohidratos, con proteínas de origen «vegetal» y grasas preferentemente de origen animal.

El doctor Barry Sears ha llevado a cabo importantes investigaciones apoyando el valor de disminuir la proporción de carbohidratos en relación a las proteínas y las grasas. La ansiedad y los trastornos de humor implican, a menudo, deficiencias de neurotransmisores, especialmente de serotonina. El cuerpo no tiene manera de producir neurotransmisores (y serotonina en particular) sin un apoyo regular de aminoácidos, que derivan de las proteínas. Independientemente de que usted esté de acuerdo, o no, con el punto de vista del doctor Sears, o decida seguir una dieta de 40:30:30, recomendamos encarecidamente incluir algo de proteínas en cada comida (preferiblemente en forma de pescado, aves, tofu, témpura, legumbres o cereales). Por otro lado, póngase como objetivo no superar el 30 por ciento de proteínas (sobre todo en forma de carne, pollo o pescado), ya que tienden a aumentar la acidez del cuerpo.

Pruebe una tisana relajante

Las plantas medicinales han formado parte integral del cuidado de la salud durante miles de años. De hecho, cerca del 25 por ciento de los medicamentos actuales siguen basándose en ellas.

Los tratamientos con plantas medicinales han sido muy populares en Europa y cada vez ganan más adeptos. Muchas farmacias ofrecen un amplio surtido de plantas medicinales para tratar afecciones que van desde los resfriados a problemas de memoria.

Las plantas medicinales funcionan más lenta y suavemente que los fármacos. Si está acostumbrado a los efectos rápidos e intensos de los fármacos tranquilizantes, deberá ser paciente con los efectos leves de una planta medicinal relajante como la valeriana. La principal ventaja de las plantas medicinales es que funcionan naturalmente, en armonía con el cuerpo, en lugar de imponer un cambio bioquímico concreto, como en el caso de los fármacos.

La ansiedad puede disminuirse con la ayuda de diversas plantas medicinales. Aunque no son tan potentes como los fármacos tranquilizantes, poseen un efecto relajante. La kava y la valeriana son probablemente las más conocidas y utilizadas actualmente. Otras hierbas conocidas por sus efectos relajantes son la pasiflora, la escutelaria, el lúpulo, el gotu kola y la manzanilla. Todas estas plantas relajantes pueden tomarse individualmente o en combinación con las demás. Las plantas medicinales se comercializan en tres formatos:

- La planta en sí, que puede hervirse para preparar una tisana.
- Cápsulas o pastillas.

- Extractos líquidos, en los que la hierba se destila y conserva en alcohol o glicerina, normalmente en una botellita con cuentagotas.

Puede experimentar con los tres formatos para ver cuál es su preferido.

Mientras que los tratamientos con plantas medicinales tienen sus ventajas, es importante recordar que porque sean naturales no significa que carezcan de riesgos. Antes de probar otras plantas o tratamientos herbáceos, consulte con su médico.

Kava

La kava es un tranquilizante natural que se ha hecho popular en los últimos años. Mucha gente la considera un relajante casi tan potente como muchos fármacos. Los polinesios han utilizado la kava durante siglos, tanto en ceremonias rituales como con la función de relajante. Pequeñas dosis producen una sensación de bienestar, mientras que dosis mayores pueden producir apatía, somnolencia y disminución de la tensión muscular.

Las pocas investigaciones llevadas a cabo indican que la kava puede disminuir el tono de la actividad del sistema linfático, particularmente de la amígdala, un centro cerebral asociado con la ansiedad. En este momento se desconocen los efectos neurofisiológicos de la kava.

Su principal ventaja sobre los tranquilizantes es que no produce adicción. También es menos probable que produzca efectos negativos sobre la memoria o agrave la depresión, como pueden hacer, a veces, los tranquilizantes.

Al comprar kava, es preferible obtener un extracto estandarizado con un porcentaje especificado de «kavalactones», el ingrediente activo. Dicho porcentaje puede variar desde el 30 hasta el 70 por ciento. Si se multiplica el número total de miligramos de kava contenidos en cada cápsula o pastilla por el porcentaje de kavalactones, se obtiene la potencia de la dosis. Por ejemplo, una cápsula de 200 miligramos, con el 70 por ciento de kavalactones, sería una dosis de 140 miligramos.

La mayoría de suplementos de kava contienen entre 50 y 70 kavalactones por cápsula. Las investigaciones afirman que tres o cuatro dosis diarias de esta magnitud pueden ser tan efectivas como un tranquilizante.

Kava: una precaución importante

- **Tome nota, por favor:** recientemente, la kava se ha relacionado con lesiones hepáticas graves en una pequeña cantidad de personas que la tomaban. Es importante tener el consentimiento médico antes de consumir kava. Asegúrese de comentarle cualquier otro medicamento que esté tomando y cualquier enfermedad que pueda tener. No lo tome si tiene problemas de hígado o está tomando medicamentos con efectos secundarios conocidos sobre el hígado. Evite combinarlo con tranquilizantes y con alcohol. Además, tenga en cuenta que se comercializa con diversos nombres, asegúrese siempre del contenido de cualquier suplemento, antes de consumirlo.

Valeriana

La valeriana es una planta tranquilizante y sedante muy popular. Los estudios clínicos realizados han descubierto que es tan efectiva como tranquilizante como para aliviar el insomnio y la ansiedad suave y moderada. Además no presenta apenas efectos secundarios y no genera adicción. A diferencia de los fármacos, la valeriana no afecta la capacidad de memoria y concentración, ni provoca somnolencia.

La valeriana se comercializa con tres formatos: cápsulas o pastillas, extracto líquido e infusión. Pruebe cualquiera de los formatos para tratar la ansiedad o el insomnio para ver cuál le gusta más y siga siempre las instrucciones. Muchas veces, la valeriana se comercializa combinada con otras plantas medicinales relajantes como la pasiflora, el lúpulo o la manzanilla. Puede que estas combinaciones le resulten más efectivas, así que le recomendamos probarlas también.

La valeriana puede tardar aproximadamente una semana en surtir efecto para el tratamiento de la ansiedad y el insomnio, por lo tanto, siga con ella aunque no consiga resultados inmediatos. Como norma general, no recomendaríamos utilizar valeriana «a diario» durante más de seis meses. Sin embargo, puede tomarla dos o tres veces por semana indefinidamente.

La valeriana es una planta medicinal especialmente segura. Aun así, existen informes sobre reacciones ocasionales paradójicas de «aumento» de la ansiedad, inquietud o palpitaciones, posiblemente debidas a un factor alérgico. Deje de consumir valeriana, o cualquier otra planta medicinal, si observa estas reacciones.

Pasiflora

La pasiflora es un buen tranquilizante natural que para muchos es tan efectiva como la valeriana. En dosis elevadas se utiliza para el tratamiento del insomnio, ya que alivia tanto la tensión nerviosa como relaja los músculos. Está disponible tanto en cápsulas o pastillas como en formato líquido. A veces se presenta combinada con valeriana u otras plantas relajantes. Utilícela siguiendo las instrucciones.

Gotu kola

La gotu kola es una planta medicinal popular en la India desde hace miles de años. Presenta un efecto medianamente relajante y ayuda a revitalizar un sistema nervioso debilitado. También mejora la circulación, la memoria y acelera la recuperación después del parto. Se comercializa en forma de pastillas y cápsulas o de extracto líquido.

7

Cuídese

Al final de este capítulo...

Sabrá cómo:

- Incluir más tiempo libre en su agenda.
- Desarrollar un ciclo de sueño saludable.
- Encaminarse hacia una vida más armoniosa.

Cuidarse es una necesidad, no un lujo

Cuidarse significa mantener una rutina diaria con una cantidad suficiente de sueño, distracción y tiempo libre. Significa también avanzar a lo largo de la jornada de modo que disponga de tiempo para hacer esas cosas. Buscar tiempo para cuidarse proporciona la energía, la presencia mental y la moral necesarias para llevar a cabo las actividades y los objetivos de su vida. Contribuye, también, a tener un punto de vista más tranquilo y sereno, algo fundamental para disminuir la ansiedad. Debido a que el ritmo de vida actual es frenético, y a menudo incansable, omitimos muchas veces este prerrequisito para la vitalidad emocional y física. Hay quien considera cuidarse como un lujo que no puede permitirse. Es importante recordar, sin embargo, que cuidarse no es un añadido opcional a la agenda diaria, sino que es un elemento esencial que conservar en ella.

Tómese tiempo libre

El tiempo libre es exactamente eso: tiempo lejos del trabajo y de otras responsabilidades que le ofrece la oportunidad de descansar y recargar energía. Sin períodos de tiempo libre, el estrés que experimentamos con el trabajo y otras responsabilidades se acumula. Sin disponer de él, seguimos forzándonos hasta finalmente caer agotados o sufriendo un empeoramiento de la ansiedad o las fobias. El sueño nocturno no cuenta como tiempo libre. Por mucho que durmamos ocho horas, si nos acostamos estresados, nos levantaremos sintiéndonos todavía tensos, cansados y estresados. El tiempo libre es aquel que debe programarse dentro de la agenda diaria, un tiempo aparte del sueño nocturno. Su principal objetivo es, simplemente, permitir una ruptura del ciclo de estrés que evite la generación de más estrés. Las cantidades óptimas de tiempo libre deberían ser las siguientes:

- Una hora al día.
- Un día por semana.
- Una semana cada doce a dieciséis semanas.

Durante los períodos de tiempo libre, desentiéndase de cualquier tarea que considere trabajo, deje de lado todas sus responsabilidades y no responda al teléfono, a menos que sepa que se trata de alguien a quien le apetece escuchar.

Tres tipos de tiempo libre

Existen tres tipos de tiempo libre y cada uno de ellos es un factor importante para desarrollar un estilo de vida más libre de ansiedades: «tiempo de descanso, tiempo de recreo y tiempo de relación».

Tiempo de descanso

El tiempo de descanso es aquel en el que dejamos de lado todas las actividades y nos permitimos, simplemente existir. Abandonamos cualquier tipo de acción y descansamos completamente. El tiempo de descanso puede consistir en tumbarnos en el sofá y no hacer nada, meditar tranquilamente, sentarnos en el sillón y escuchar nuestra música favorita, relajarnos en la bañera o descabezar una siesta a mitad de la jornada. Leer o mirar la televisión puede pasar como tiempo de descanso, pero no resultan tan útiles como no hacer nada y descansar. El secreto del tiempo de descanso es que es un lapso temporal fundamentalmente pasivo: nos permitimos no hacer nada y sólo existir. La sociedad contemporánea nos anima a ser productivos y hacer más y más cosas en cada momento del día. El tiempo de descanso es un contrapeso necesario.

Tiempo de recreo

El tiempo de recreo es aquel que dedicamos a actividades que nos recrean, es decir, que nos sirven para recargar energías. El tiempo de recreo nos sube la moral. En resumen, se trata de hacer cualquier cosa que consideremos como un juego o una diversión. Ejemplo de este tipo de actividades serían arreglar el jardín, jugar al voleibol, realizar un breve viaje, hornear una barra de pan o pescar. El tiempo de recreo puede llevarse a cabo durante la semana, pero lo más importante es disfrutarlo en las jornadas no laborales. Es un tiempo que puede pasarse solo o en compañía, en cuyo caso se solapa con el tercer tipo de tiempo libre, el tiempo de relación.

Tiempo de relación

El tiempo de relación es aquel en el que se dejan de lado los objetivos y responsabilidades privados para disfrutar de la compañía de otra persona o, en algunos casos, de varias personas. El punto central del tiempo de relación es honrar la relación con la pareja, hijos, familia, amigos o mascotas, y olvidarse durante un rato de los objetivos individuales. Si tiene usted familia, el tiempo de relación debe reservarse equitativamente entre estar solo con su pareja, el tiempo de estar solo con los hijos y el tiempo de reunión familiar completa.

Supere la adicción al trabajo

La adicción al trabajo es un trastorno adictivo caracterizado por una preocupación insana por el trabajo. Los que la sufren sienten que el trabajo es lo único que les da una sensación de plenitud interna y autoestima. Consagran todo su tiempo y energía a trabajar, descuidando tanto sus necesidades físicas como emocionales. La adicción al trabajo produce una forma de vida desequilibrada que, a menudo, desemboca primero en estrés crónico, luego en quemar a quien la sufre y, potencialmente, a la enfermedad.

La persona adicta al trabajo puede «aprender» a disfrutar de los aspectos de su vida no relacionados con el trabajo y conseguir un punto de vista general más equilibrado. Puede que de entrada le resulte difícil buscar tiempo libre para descansar, recrearse y cultivar sus relaciones, pero con el tiempo es más fácil y recompensa.

Esté dispuesto a hacer menos

Otro paso importante es el de estar dispuesto a hacer menos. Es decir, a disminuir literalmente el número de tareas y responsabilidades que se llevan a cabo en un día determinado. En algunos casos, esto puede implicar cambiar de trabajo; en otros, simplemente reestructurar la distribución del tiempo dedicado al trabajo en relación con el tiempo para el descanso y la relajación. En otros casos, esto se traduce en un cambio fundamental de prioridades, de modo que llevar una vida sencilla y más equilibrada sea más importante que ganar dinero o recibir elogios. Considere cómo podría cambiar sus valores hacia la dirección de poner más énfasis en el «proceso» de la vida (cómo vive), en lugar de en los logros y la productividad (lo qué hace).

EJERCICIO:
CÓMO ENCONTRAR MÁS TIEMPO LIBRE EN SU AGENDA

Dedique un tiempo a reflexionar sobre cómo podría encontrar más tiempo que dedicar a los distintos tipos de tiempo libre: tiempo de descanso, tiempo recreativo y tiempo de relación. Anote las respuestas.

Duerma bien por la noche (regularmente)

Los modelos saludables de sueño son una enfermedad común del ritmo de vida actual que nos lleva a dormir siete de las veinticuatro horas del día. Para algunos, una buena noche de sueño es casi una amenaza, aun sabiendo que el sueño es un elemento esencial para el bienestar general. La falta de sueño puede ser tanto una causa como un efecto de la ansiedad.

Sí y no sobre el modelo de sueño saludable

Es importante recordar que el sueño, igual que una alimentación adecuada y el ejercicio regular, forma parte integral del bienestar físico y mental. Las normas que siguen han sido concebidas para ayudarle a mantener una rutina de sueño saludable.

Sí:

- Haga ejercicio durante el día. Veinte minutos o más de ejercicio aeróbico a mitad de la jornada o a última hora de la tarde, antes de cenar, es lo mejor. Como mínimo, entre cuarenta y cinco minutos y una hora diaria de caminar a paso ligero serán suficientes. A mucha gente le beneficia un breve paseo (entre veinte minutos y media hora) antes de acostarse.

- Acuéstese y levántese siguiendo un horario regular. Aunque esté cansado por la mañana, haga un esfuerzo para seguir el horario programado para despertarse y no variar su hora de acostarse. Al día siguiente podrá seguir con lo que fuera que estuviera haciendo. Su cuerpo prefiere un ciclo regular para dormirse y despertarse.
- Desarrolle un ritual antes de acostarse. Se trata de una actividad que pueda hacer cada noche antes de dormirse.
- Disminuya los ruidos. Utilice tapones para los oídos y, en caso de necesidad, utilice cualquier aparato que camufle los ruidos externos, como un ventilador.
- Bloquee cualquier exceso de luz.
- Mantenga el dormitorio a una temperatura que oscile entre dieciocho y veinte grados. Una habitación demasiado fría o demasiado caliente interfiere con el sueño. Utilice ventiladores en una habitación calurosa si no dispone de aire acondicionado. La habitación debería estar ventilada, no con el ambiente cargado.
- Compre un colchón de calidad. Las almohadas no deberían ser ni demasiado altas ni demasiado blandas. Las mejores son las almohadas de plumas, que no se comprimen.
- Si su pareja ronca, da patadas o no para de dar vueltas, utilicen camas separadas. Háblelo con él o ella y acepten esa distancia mutua.
- Practique el sexo de manera que le satisfaga física y emocionalmente. Suele ayudar a conciliar el sueño.
- Visite a un psicoterapeuta en caso de necesidad. Los trastornos de ansiedad y depresión, suelen producir insomnio.
- Relájese durante el último par de horas de la jornada. Evite la actividad física o mental vigorosa, los disgustos emocionales, etcétera.
- Dese una ducha caliente, o un baño, antes de acostarse.

No:

- Intente obligarse a dormir. Si no es capaz de conciliar el sueño en cuestión de veinte minutos o media hora de permanecer en la cama, levántese, lleve a cabo alguna actividad relajante (como mirar la televisión, sentarse cómodamente y escuchar una cinta de relajación, meditar o tomarse una tisana) y vuelva a la cama sólo cuando empiece a sentir sueño. Lo mismo se aplica si se despierta a media noche y tiene dificultad para volver a dormirse.
- Coma mucho antes de acostarse, ni se vaya a la cama con hambre. Un pequeño tentempié saludable antes de acostarse, puede servirle de ayuda.

- Consuma mucho alcohol antes de acostarse. En algunos casos, hay quien se beneficia de un vasito de vino antes de acostarse, pero el consumo de alcohol no debería nunca superar esa cantidad.
- Tome mucha cafeína. Intente limitar el consumo de café a las mañanas. Si es sensible a la cafeína, evítela totalmente y pruebe con café descafeinado o tisanas.
- Fume. La nicotina es un estimulante suave y, aparte de sus famosos riesgos para la salud, puede interferir el sueño. Si es fumador, hable con su médico sobre las mejoras formas de acabar con ese hábito.
- Desarrolle en la cama actividades que le quiten el sueño. A menos que formen parte de su ritual antes de acostarse, evite en la cama actividades como la lectura o la escritura. Esto tiende a debilitar la asociación entre cama y sueño.
- Duerma siestas durante el día. Pequeñas siestas, de entre quince y veinte minutos pueden tolerarse, pero nunca siestas de una hora o más porque interfieren el sueño de la noche siguiente.
- Tenga miedo al insomnio. Trabaje para «aceptar» esas noches en las que no duerme tan bien. Puede seguir funcionando adecuadamente al día siguiente, aunque sólo haya disfrutado de un par de horas de sueño reparador. Cuanto menos luche, se resista o tema la falta de sueño, más tendera a desaparecer.

Unos consejos para dormir bien

- Con la aprobación de su médico, pruebe suplementos naturales que animen el sueño. Las plantas medicinales, como la kava y la valeriana, en dosis elevadas, inducen el sueño. No exceda las dosis recomendadas y comente con su médico todas las plantas medicinales que pretenda tomar antes de iniciar su administración. Hay personas a quien les sienta bien la administración de entre 0,5 y dos miligramos de melatonina. El aminoácido L-triptofano, combinado con el consumo de una pequeña cantidad de carbohidratos antes de acostarse, es un sedante potente en dosis de 1.000 o más miligramos. Finalmente, entre 500 y 1.000 miligramos del aminoácido GABA antes de acostarse, inducen también al sueño. Mientras sea posible, evite el consumo de fármacos para dormir. Interfieren el ciclo del sueño y acaban empeorando el insomnio.
- Utilice técnicas de relajación profunda para disminuir la tensión muscular o una cabeza que no deja de funcionar. Resultan especialmente útiles la relajación muscular progresiva o los ejercicios de visualización guiada explicados en los capítulos 1 y 2.

- Intente variando la dureza del colchón. Invierta en uno nuevo o coloque una plancha de madera debajo, si el que tiene es demasiado blando. En el caso de poseer un colchón excesivamente duro, coloque una espuma gruesa entre la superficie del colchón y el somier.
- Si lo que le provoca insomnio es algún tipo de dolor, pruebe tomando un analgésico. En caso de dolor, es un fármaco más adecuado que los somníferos.

Busque su propio ritmo y realice pequeñas pausas

Es muy frecuente que la imagen personal y las propias ideas no armonicen con las necesidades del cuerpo. Los estándares que nosotros mismos nos imponemos en relación al trabajo, el éxito, los logros o lo bien que cuidamos a los demás pueden llevarnos a traicionar los ritmos naturales de nuestro cuerpo. El grado de estrés que experimentamos hoy es una medida directa de lo mucho que nos hemos alejado en el pasado de las necesidades de nuestro cuerpo. Buscar nuestro propio ritmo y concedernos pequeñas pausas a lo largo de la jornada, son dos maneras de empezar a cambiar la dirección de las tendencias insanas y de vivir en mejor armonía con nosotros mismos.

Busque el ritmo más adecuado para usted

Buscar el propio ritmo significa vivir la vida con una cadencia óptima. Un exceso de actividad día tras día, sin interrupciones, acaba produciendo agotamiento, estrés, ansiedad e, incluso, enfermedades. Una falta de actividad conlleva aburrimiento y enfrascamiento en uno mismo. Mucha gente que sufre problemas de ansiedad tiende a marcarse un ritmo excesivamente rápido, siguiendo las pautas de una sociedad que nos dice que hagamos más, que consigamos más y que sobresalgamos a costa de lo que sea. Si observamos los estándares externos podemos acabar imponiéndonos un ritmo que, a pesar de que lo sigan los demás, no sea el adecuado para nosotros. Igual que no nos compraríamos prendas que le fueran bien al vecino, al primo o a la pareja, no deberíamos trazarnos una agenda que funcionara para los demás, pero no para nosotros.

Pequeñas pausas

Para conseguir un nivel más elevado de relajación y paz interior, es necesario disfrutar de una agenda que permita disponer de tiempo entre actividades para descansar, reflexionar, o simplemente existir. Si habitualmente corre el día entero de una actividad a otra, intente bajar el ritmo y concederse una pequeña pausa de entre cinco y diez minutos cada hora o, al menos, cada dos horas. «Las pequeñas pausas resultan muy útiles en los momentos en que se pasa de una actividad a otra». Por ejemplo, por la mañana, después de llegar al trabajo en coche, concédase una pequeña pausa antes de ponerse manos a la obra. O después de preparar la comida, dése un pequeño descanso antes de empezar a comer. Durante la pausa puede practicar la respiración abdominal, meditar, dar un breve paseo, realizar unos cuantos estiramientos de yoga o hacer cualquier otra cosa que le ayude a recuperar la energía, a relajarse y a despejar su cabeza. Márquese un ritmo que le permita disfrutar de pequeñas pausas a lo largo del día y notará una diferencia importante en su bienestar. Le sorprenderá, también, que trabaja tanto o más que nunca, porque aporta más energía y claridad a sus actividades. Concederse pequeñas pausas a lo largo del día para recomponerse es un principio muy simple, aunque requiere cierto compromiso por su parte. Pronto se dará cuenta de que el esfuerzo merece la pena.

Cuídese a diario

Aunque la vida tiene altibajos, retos que incluso pueden ser repentinos e inesperados, es posible aliviar las preocupaciones y construir una sensación de seguridad interna a través de pequeños actos de amabilidad diarios hacia su persona. Lo que necesita, en primer lugar, es encontrar tiempo para cuidarse, aparte de las responsabilidades del trabajo y las tareas domésticas. Establecer una relación de amor consigo mismo no es, en realidad, tan distinto a desarrollar una relación íntima con otra persona: ambos casos exigen tiempo, energía y compromiso. La lista que sigue a continuación le ofrece diversas alternativas sencillas para cuidarse. Cuando las circunstancias de la vida externa le parezcan complicadas, es particularmente importante que busque tiempo para usted, sin sentirse por ello culpable o egoísta.

Lea un libro inspirador

Una forma de esparcirse y recuperar la moral consiste en leer un libro que le resulte inspirador. Puede tratarse de una buena novela, un libro de autoayuda o, tal vez, de un libro sobre temas espirituales. A medida que vaya entrando en el mundo del autor a través del libro, podrá trasladarse a un espacio mental distinto con un esfuerzo relativamente pequeño. A veces, unas pocas páginas son suficientes para subir la moral.

Busque tiempo para los placeres sensuales

- Dese un baño caliente.
- Haga una sauna.
- Disfrute de un masaje.
- Tome un baño de burbujas.
- Hágase la manicura o la pedicura.
- Si afuera hace frío, siéntese en casa junto a la chimenea.
- Demuestre el cariño con una persona especial.

Saboree el mundo que le rodea

- Pasee por algún lugar bonito.
- Disfrute del amanecer o la puesta de sol.
- Duerma al aire libre bajo las estrellas.
- Vaya a un parque (o lago, playa o montaña).

Diviértase

- Alquile una película divertida.
- Coma en un buen restaurante.
- Ponga su música favorita y baile.
- Llame a un buen amigo o a varios buenos amigos.
- Cómprese ropa nueva.
- Cómprese algo especial que pueda permitirse.
- Vea una buena película o espectáculo.
- Remire en una librería o tienda de discos todo el rato que le apetezca.
- Visite un museo u otro lugar interesante.
- Construya su rompecabezas favorito.
- Regálese flores.
- Escriba una carta a un viejo amigo.
- Cocine algo especial.
- Vaya a mirar escaparates.
- Juegue con su mascota.

Haga algo sólo para usted

- Relájese con un buen libro, revista o música relajante.
- Acuéstese pronto.
- Tómese un día libre para dedicarlo a su salud mental.
- Fije una fecha para una cena especial para usted solo y cene a la luz de las velas.
- Tome una taza de su tisana favorita.
- Medite.
- Escríbase una carta para subir la moral y envíesela.
- Dese más tiempo del necesario para completar lo que tenga entre manos. Holgazanee.
- Lea un libro inspirador.
- Escuche una cinta positiva, motivadora.
- Escriba en un diario sus reflexiones, puntos de vista y logros.
- Desayune en la cama.

8

Simplifique su vida

Al final de este capítulo...

Sabrá cómo:

• Simplificar su vida realizando cambios a corto y largo plazo.

Sencillez por encima de todo

Tener una vida cargada de compromisos económicos y de tiempo, así como de excesivos objetos materiales, es un moderno origen de ansiedad. A pesar de que se trata de un tipo de exceso característico de nuestros tiempos, sigue siendo cierto que cuanto más sencilla sea nuestra vida, más rica es nuestra experiencia y más profunda nuestra sensación de bienestar.

No deben confundirse simplicidad y austeridad. Una vida austera se refleja en privaciones y deseos, mientras que una vida sencilla recompensa, es creativa y alimenta el espíritu. La vida sencilla está libre de las exigencias de nuestro tiempo y de finanzas que minan nuestros recursos sin enriquecernos la vivencia. Podría considerarse como un estilo de vida que genera un mejor retorno de la inversión de tiempo y dinero. Un error común sobre la sencillez es el que afirma que el concepto significa olvidarse de las comodidades y las conveniencias modernas para demostrar nuestra capacidad de vivir alejados de la tecnología del siglo XXI. Gandhi realizó una interesante declaración negando el lado material de la vida: «Mientras algo te proporcione ayuda y comodidad interior, deberías conservarlo. Si tuvieras que dejarlo por sacrificio o deber, seguirías queriendo recuperarlo y esta necesidad insatisfecha te traería problemas».

Una visión sencilla de la vida

No existe una fórmula precisa para definir lo que constituye vivir con sencillez. Cada uno tiene que descubrir su propia manera de disminuir la complejidad y las cargas innecesarias. Duane Elgin, en su obra publicada en 1993, *Voluntary Simplicity*, sugiere que las personas que deciden simplificar su vida:

- Invierten el tiempo y la energía liberada por la vida más sencilla en actividades con su pareja, hijos y amigos (por ejemplo, caminar, tocar música juntos, compartir una comida o ir de camping).
- Trabajan en desarrollar el pleno espectro de sus potenciales: físico (correr, bicicleta, senderismo, etcétera), emocional (aprender las habilidades de la intimidad y compartir los sentimientos en las relaciones importantes), mental (comprometerse en un aprendizaje para toda la vida, leyendo y asistiendo a clases) y espiritual (aprender a moverse en la vida, con la mente tranquila y el corazón lleno de compasión).
- Tienden a sentir una conexión íntima con la tierra y una preocupación reverencial por la naturaleza.
- Sienten una preocupación llena de compasión hacia la pobreza del mundo.
- Disminuyen su nivel general de consumo personal comprando menos ropa, por ejemplo, prestando más atención a lo que es funcional, duradero y estético, y menos preocupación por las modas pasajeras y los estilos de temporada.
- Alteran sus modelos de consumo a favor de productos duraderos, fáciles de reparar, no contaminantes en su fabricación y uso, eficientes en cuanto a consumo energético, funcionales y estéticos.
- Varían su dieta olvidando los alimentos procesados, la carne y los azucares, e inclinándose por alimentos más naturales, sanos y sencillos.
- Disminuyen el desorden y la complejidad dando o vendiendo aquellas posesiones que ya han sido utilizadas y otros podrían utilizar productivamente (ropa, libros, muebles, electrodomésticos, herramientas, etcétera).
- Reciclan el metal, el vidrio y el papel, y recortan su consumo de objetos que son producto de recursos no renovables.
- Desarrollan habilidades que contribuyen a tener una mayor confianza en uno mismo y a disminuir la dependencia en expertos para gestionar las exigencias de la vida diaria (carpintería básica, fontanería y reparación de electrodomésticos).
- Prefieren los entornos de trabajo y vivienda a pequeña escala, más humanizados, que animan el sentimiento de comunidad, contacto directo y amor mutuo.

- Participan en prácticas sanitarias holísticas que subrayan la medicina preventiva y los poderes curativos del cuerpo ayudado por la mente.
- Cambian sus medios de transporte a favor del tránsito público compartiendo coche, utilizando automóviles más pequeños y de menor consumo, viviendo más cerca del puesto de trabajo, trasladándose en bicicleta o andando.

Una vida más sencilla le aporta más «tiempo» para fomentar las relaciones con su familia, su comunidad, la naturaleza y el Poder Superior, así como con usted mismo. En la Naturaleza no existe nada aislado... es sólo la mente abstracta y conceptual la que crea distinciones y separaciones. Cuando usted se permita experimentar los diversos niveles de parentesco naturales o «indígenas» de la vida, empezará a superar la separación en todas sus manifestaciones y a curar el problema de la ansiedad desde sus raíces.

En los últimos años hay pistas que indican que cada vez son más las personas que deciden simplificar su vida. Después de treinta años de expansión económica y crecimiento material, la década de los 90 fue, para muchos, una época de recesión. Según una encuesta llevada a cabo en Estados Unidos en 1991 y citada por Elgin en *Voluntary Simplicity* (1995):

- El 69 por ciento de las personas entrevistadas dijeron que les gustaría «bajar el ritmo y vivir una vida más relajada», en contraste con sólo el 19 por ciento que dijo que les gustaría «vivir una vida más excitante y acelerada».
- El 61 por ciento estaban de acuerdo con que «ganarse hoy en día la vida requiere tanto esfuerzo que es difícil encontrar tiempo para disfrutar de la vida».
- Cuando se les preguntó acerca de sus prioridades, el 89 por ciento dijeron que, en la actualidad, lo que resultaba más importante era pasar tiempo con la familia.
- Sólo el 13 por ciento consideraban importante seguir las tendencias de la moda y únicamente el 7 por ciento pensaban que merecía la pena preocuparse por comprar productos símbolo de estatus.

Una encuesta publicada en junio de 1997, en *USA Today*, informaba de que en 1995, el 28 por ciento de los estadounidenses decían haber llevado a cabo cambios de vida premeditados durante los últimos cinco años que habían dado como resultado menos ingresos, y el 87 por ciento de esas personas estaban satisfechas con el cambio.

Algunas formas de simplificar la vida

A continuación encontrará varias sugerencias para simplificar su vida. Algunas de ellas son cambios que puede implementar de inmediato, mientras que otras exigen más tiempo y esfuerzo por su parte. Recuerde que el objetivo de la vida sencilla es liberarle de aquellos compromisos que consumen su tiempo, energía y dinero, sin satisfacer sus necesidades esenciales o mantener su espíritu.

Reduzca su espacio vital

Vivir en viviendas pequeñas tiene sus ventajas. En primer lugar, no es posible acumular muchas posesiones si no se tiene bastante espacio para ellas. Además, un espacio más pequeño implica menos tiempo de limpieza y mantenimiento y normalmente es menos caro.

Despréndase de lo que no necesite

Vivimos en un tiempo de abundancia sin precedentes. Es muy fácil acumular cosas que no tienen ni valor ni utilidad y que lo único que hacen es crear confusión. Eche un vistazo a sus cosas y decida lo que es útil y merece la pena conservar y que lo único que hace es quitarnos espacio. Como norma general para disminuir la confusión, despréndase de todo lo que no ha utilizado desde hace más de un año, exceptuando, naturalmente, los objetos con valor sentimental.

Gánese la vida con lo que le guste

Hacer lo que realmente nos gusta requiere tiempo, riesgo y esfuerzo. Se necesita entre uno y dos años para adquirir la formación necesaria para iniciar una nueva carrera profesional. Y entonces tendrá que pasar algún tiempo en una posición de entrada hasta que su nuevo tipo de trabajo satisfaga sus necesidades financieras. Según nuestra estimación, y la de otros que lo han hecho, el tiempo, el esfuerzo y el abaratamiento merecen la pena.

Disminuya su tiempo de traslado hasta el lugar de trabajo

Disminuir o eliminar el tiempo de traslado hasta el lugar de trabajo es uno de los cambios más significativos que puede llevar a cabo para simplificar su vida. No es necesario reflexionar mucho para ver hasta qué extremo sufrir a diario el tráfico de la hora punta colabora con el estrés. Trasladarse cerca de su lugar de trabajo o vivir en una ciudad más pequeña puede ayudarle a disminuir el tiempo que dedica a ir a trabajar. Como mínimo, si tiene que cubrir una distancia importante, puede intentar acordar un horario flexible (para evitar la hora punta) o disponer de un buen equipo de música en el coche. En la actualidad, cerca del 15 por ciento de los norteamericanos trabajan desde casa y la cifra va en aumento. Si tiene la posibilidad de hacerlo, pruébelo.

Disminuya su exposición a la televisión

¿Cuánto tiempo al día pasa frente al televisor? En los años 90, los hogares estadounidenses tenían de media entre dos y tres aparatos, cada uno de ellos con un alcance de entre cuarenta y sesenta canales. Como si esto no fuera suficiente, cincuenta millones de hogares norteamericanos poseen ordenadores que ofrecen una interminable gama de juegos infantiles y de adultos, así como acceso a Internet a miles de temas y millones de sitios web. Evidentemente, la televisión ofrece muchos programas buenos e Internet es una herramienta de información y comunicación maravillosa. La preocupación estriba en la tremenda complejidad que supone disponer de tantas opciones que implican la postura pasiva del testigo o de absorber la información. Mientras que la vida delante de la pantalla puede servir como distracción de la ansiedad, puede también convertirse en un impedimento para reconstruir una conexión más profunda con la naturaleza, los demás o uno mismo. Cuando la ansiedad se ve agravada por un exceso de estimulación y por la desconexión a diversos niveles, el tiempo delante de la pantalla debería moderarse.

Acérquese a la naturaleza

Los estados de ansiedad suelen asociarse con sensaciones de incorporeidad. Sentirse sin pisar la realidad y desconectado de los propios sentimientos y del propio cuerpo se hace especialmente evidente en las sensaciones de despersonalización o falta de realidad que pueden acompañar a la ansiedad aguda o el pánico. Esta desconexión puede verse agravada en situaciones que implican estar literalmente desconectado de la tierra, como conducir un coche, encontrarse en un edificio alto o en el interior de un avión. Puede verse asimismo agravada en situaciones en las que nos vemos bombardeados por tantos estímulos que la conciencia queda dividida, como en un centro comercial o en una reunión social.

Pasear por el bosque o por un parque es un acto sencillo que puede ayudar a cambiar la dirección de la tendencia de sentirse fuera del cuerpo. La cercanía a la tierra (a sus paisajes, sonidos, olores y energías) puede ayudarle a permanecer más fácilmente conectado consigo mismo. Si puede elegir vivir en esas condiciones, podrá restablecer esa conexión continua con la tierra que la civilización moderna parece haber perdido.

Modere el uso del teléfono

Hay personas que creen que deberían responder al teléfono todas las veces que suena, independientemente de la hora del día en que se produzca la llamada o del humor con que se encuentren. Aunque la llamada sea de alguien a quien se debe dinero, de un vendedor pesado o de un pariente lejano, hay quien cree que responder todas las llamadas es casi una obligación sagrada. Recuerde que responder al teléfono es una opción. Puede dejar que sea el contestador quien responda y devolver la llamada cuando esté preparado para prestar toda su atención a la persona que llama. Si en el momento de la llamada se encuentra enfrascado en un proyecto o una actividad que le gusta, no hay ninguna necesidad de dejarlo todo para responder a una llamada que no requiere su atención inmediata.

Delegue las tareas de menor importancia

¿Cuántas tareas de poca importancia delegaría si no fuese cuestión de dinero? Delegar aunque sea una sola actividad que no le gusta realizar, como limpiar la casa o cuidar el jardín, marca la diferencia en el sentido de facilitar la vida diaria. Si el problema es el dinero, ¿hay alguna cosa que sus hijos pudieran aprender a hacer casi tan bien como usted? Tal vez pueda permitir a otros miembros de la familia que le ayuden en la cocina, en el jardín o en las tareas domésticas.

Aprenda a decir no

La palabra «no» no es una palabra malsonante. Mucha gente se enorgullece de ser siempre capaz de acomodarse a las necesidades y deseos de sus amigos, familiares y compañeros de trabajo. El problema es que el resultado final de estar siempre ayudando no es otro que el agotamiento. Puede llegar a estar tan ocupado cuidando de los deseos y necesidades de los demás que no le quede tiempo ni energía para cuidarse de usted. Cuando alguien le pida su tiempo y esfuerzo, o cualquier otra cosa, piense en si responder con un «sí» sirve tanto a sus intereses como a los de la otra persona.

Otras formas de simplificar

Existen muchas otras formas de simplificar su vida. Puede solicitar, por ejemplo, no recibir correo comercial. O puede reducir su número de tarjetas de crédito y quedarse sólo con una. Disponer de una única tarjeta facilita sus compras por teléfono, Internet o directas. Además de eso, se ahorrará el dinero del mantenimiento de las tarjetas.

EJERCICIO:
CUESTIONARIO PARA SIMPLIFICAR SU VIDA

Ahora le toca a usted. Dedique algún tiempo a pensar en maneras con las que podría simplificar su vida. Le será muy útil formularse las siguientes preguntas.

1. En una escala del 1 al 10, con el 1 representando el grado más elevado de sencillez y el 10 representando el grado más elevado de complejidad, ¿en qué lugar colocaría su actual estilo de vida?
2. ¿Ha llevado a cabo algún cambio en el transcurso del último año en busca de una vida más sencilla? De ser así, ¿cuál o cuáles?
3. ¿Qué cambios le gustaría hacer, en general, para simplificar su vida?
4. ¿Qué cambios para simplificar su vida «está dispuesto» a llevar a cabo durante el próximo año?

EJERCICIO: LISTA PARA VIVIR CON SENCILLEZ

Repase las siguientes estrategias de simplificación y subraye las que estaría dispuesto a probar o iniciar en el transcurso de los dos próximos meses.
* Disminuir el desorden en casa.
* Trasladarse a una casa más pequeña.
* Trasladarse a una ciudad más pequeña.
* Trasladarse a un lugar más cercano a una zona de servicios para realizar rápidamente todas las compras.

- Comprar menos ropa, prestando atención a lo que sea funcional, duradero y estético, más que a las modas.
- Tener un coche sencillo y de bajo consumo.
- Disminuir su dependencia de la televisión.
- Disminuir la dependencia de las distracciones fuera de casa (cine, teatro, conciertos, discotecas).
- Disminuir o eliminar las suscripciones a revistas.
- Dejar de comprar diariamente el periódico.
- Dejar de recibir correo comercial.
- Dejar de responder al teléfono siempre que suene.
- Disminuir el tiempo de desplazamiento al lugar de trabajo (de ser posible, ir andando o en bicicleta).
- Trabajar en su lugar de residencia.
- Decirle a todo el mundo, excepto a la familia más cercana, que ya no quiere regalos de Navidad (ni felicitaciones).
- Llevarse una única maleta para ir de vacaciones y poner en ella sólo las prendas esenciales.
- Disfrutar de las vacaciones en un lugar cercano o en casa.
- Disminuir el consumo para evitar lujos o productos de diseño; favorecer productos que sean duraderos, de fácil reparación y no contaminantes.
- Dar los pasos necesarios para disminuir las deudas.
- Tener una única tarjeta de crédito.
- Consolidar las cuentas bancarias.
- Delegar trabajos que consumen tiempo como cuidar el jardín, las tareas domésticas o la preparación de los impuestos.
- Simplificar sus hábitos alimentarios y consumir alimentos integrales y no procesados.
- Comprar con menos frecuencia y más cantidad.
- Beber agua y no otra cosa.
- Llevarse la comida al trabajo.
- Aprender a decir no.
- Dejar de intentar cambiar a la gente.
- Dejar de intentar complacer a la gente: ser usted mismo.
- Deshacerse de todas las posesiones personales, que en realidad no necesite.
- Ganarse la vida con lo que realmente le gusta.
- Trabajar menos y pasar más tiempo con sus seres queridos.

Algunos de estos cambios pueden hacerse rápidamente; otros implican la presencia de un proceso. Recomponer su vida para ganársela con algo que realmente le guste, por ejemplo, puede requerir uno o dos años. Para deshacerse de las posesiones que no necesite, guarde lo que considere que no va a necesitar en un año en un armario o en un almacén. Al final del año, si no ha pensado en ellas durante todo ese tiempo, olvídelas definitivamente. Aprender a decir no o dejar de intentar complacer siempre a los demás, exige desarrollar habilidades de asertividad, algo que puede adquirirse a través de clases, seminarios, asesoría y libros.

Esperamos que este capítulo le haya dado algunas ideas sobre cómo disminuir la complejidad en su vida. Simplificar la vida le dará más tiempo y capacidad para encontrar la paz mental y apreciar la belleza de la vida.

9

Olvide las preocupaciones

Al final de este capítulo...

Sabrá cómo:

* Olvidarse de las preocupaciones obsesivas.
* Utilizar la detención del pensamiento para interrumpir las preocupaciones.
* Posponer las preocupaciones.
* Desarrollar un plan efectivo para gestionar las preocupaciones.

Perdido en la espiral de la preocupación

Las preocupaciones obsesivas suelen convertirse en una espiral negativa capaz fácilmente de desembocar en ansiedad. Cuando quedamos atrapados en una espiral de preocupaciones obsesivas, tendemos a reflexionar sobre cada faceta de peligro que percibimos hasta llegar a eclipsar todos los demás pensamientos y sentirnos atrapados. A nivel físico y psicológico, el paso lógico siguiente es la ansiedad: La respuesta natural a la sensación de una cabeza que da vueltas y vueltas sin ningún control. Ya que las preocupaciones obsesivas pueden ser muy apremiantes, romper con ellas exige un acto deliberado de voluntad. Para alejar la preocupación mental y cambiar a otra manera de pensar, es necesario llevar a cabo un esfuerzo dedicado. Seguir el camino de no resistirse le mantendrá en la espiral hasta que aparezcan los síntomas de la ansiedad. «Salirse de la cabeza» haciendo o centrándose en cualquier actividad externa, es una forma excelente de evitar la espiral de preocupaciones. Aunque al principio pueda parecerle difícil romper deliberadamente con las preocupaciones obsesivas, la práctica lo es todo, y después resulta más fácil.

Distráigase de las preocupaciones

Apartarse de la espiral de preocupaciones exige un cambio de forma de ver las cosas y pasar de lo cerebral a lo práctico. Se trata de dedicarse a un proyecto o actividad que traspase su concentración del miedo a un posible peligro futuro a las estrategias que conciba para completar la tarea que tiene entre manos. Veamos, a continuación, diversas maneras de hacerlo.

Practique ejercicio físico

Puede dedicarse a su deporte o ejercicio favorito o, también, a cualquier tarea de la casa. Si no le apetece dedicarse a una sesión de ejercicio, eche un vistazo a su casa o su despacho. ¿Qué hay que hacer? ¿Tiene algún proyecto que haya estado dejando de lado durante un tiempo? Puede tratarse de algo tan mundano como encerar el suelo. La mayoría de la gente tiene una lista interminable, no escrita y a largo plazo, de proyectos que atender en casa. Repase la suya y mire qué puede hacer.

Hable con alguien

El mundo moderno ha cortado abruptamente el tiempo que dedicamos a la conversación. La tecnología, el ritmo acelerado de la vida contemporánea y una tendencia general al aislamiento, han limitado el tiempo que consagramos no sólo a las conversaciones profundas y con significado, sino también a las charlas sencillas de cada día. La conversación es una forma estupenda de cambiar el foco de atención de las preocupaciones. Generalmente, se trata de hablar de algo que no sean esas preocupaciones, a menos que lo que desee sea comentarlas con alguien.

Realice veinte minutos de relajación profunda

Las preocupaciones provocan tensión en el cuerpo. Busque tiempo para practicar la relajación y verá que su mente tiende a liberarse de aquello que está aferrado a ella. Los períodos prolongados de relajación (entre quince y veinte minutos) actúan mejor que los cortos. Para conseguir un estado de relajación profunda puede utilizar la relajación muscular progresiva, la visualización guiada o la meditación, tal y como se han descrito en los capítulos 1 y 2.

Escuche música evocadora

Los sentimientos como la tristeza y la rabia, pueden ser la base y provocar preocupaciones obsesivas. La música tiene la poderosa habilidad de liberar estos sentimientos. Busque entre sus discos una canción o un CD que despierte sus emociones. Mucha gente descubre que, sin pretenderlo conscientemente, ha acabado reuniendo una selección de música ecléctica que elige escuchar según sea su estado de humor. De ser este su caso, aprovéchelo para interrumpir la espiral de preocupaciones.

Experimente algo que resulte inmediatamente placentero

Es imposible estar preocupado y sentirse a gusto a la vez. El miedo y el placer son experiencias incompatibles. Cualquier cosa que le resulte placentera puede ayudarle a alejarse de las preocupaciones y de los pensamientos aterradores: una buena comida, un baño caliente, una película divertida, un masaje en la espalda, las caricias, la actividad sexual o, simplemente, un paseo por un lugar bonito.

Utilice distracciones visuales

Mire cualquier cosa que le absorba la atención. Puede ser la televisión, películas, videojuegos, el ordenador, leer, o incluso mirar un jardín.

Exprese su creatividad

Es difícil estar preocupado mientras expresamos nuestra creatividad. Pruebe con trabajos manuales, tocando algún instrumento, pintando o dibujando, arreglando el jardín o reordenando el salón. Si tiene alguna afición, dedíquele tiempo. ¿Hay alguna cosa que siempre le habría gustado probar, como enzarzar joyería o pintar con acuarelas? Es el momento oportuno para empezar actividades nuevas que le recompensen de algún modo.

Busque una obsesión positiva alternativa

Puede cambiar su obsesión negativa por una positiva trabajando en algo que le exija atención y plena concentración. Por ejemplo, los crucigramas o los puzzles.

Repita una afirmación

Un ritual muy saludable es el de sentarse tranquilamente y repetir una frase de afirmación positiva que tenga un significado personal. Repita lentamente la frase pensando en su significado. Cuando se distraiga, recupere la frase y repítala de nuevo. Siga haciéndolo durante un período de entre diez y quince minutos, o hasta que se sienta plenamente relajado. En caso de tener inclinaciones espirituales, la frase podría ser:

* Vete y recibo a Dios.
* En mí mora el espíritu (Dios).
* Libero esta negatividad hacia Dios.

Si prefiere algo no espiritual, podría ser:

* Vete.
* No son más que pensamientos... se desvanecen.
* Estoy totalmente relajado y libre de preocupaciones.

Detención del pensamiento

A veces podemos encontrarnos anclados en una espiral de pensamientos preocupantes que no desaparece de ninguna manera. Siguen descontrolados dando vueltas y más vueltas en nuestra cabeza. La técnica de detención del pensamiento es una opción conocida desde hace mucho tiempo y que funciona bien para este tipo de situaciones. Consiste en concentrarse en un pensamiento no deseado durante un breve período de tiempo, luego, de repente, dejar de pensar en él y vaciar la mente. La detención del pensamiento es una de las más viejas técnicas cognitivas que todavía sigue practicándose y que fue introducida, en 1928, por J.A. Bain, en su obra *Thought Control in Everyday Life*. A finales de la década de los 50, Joseph Wolpe y otros terapeutas conductistas, adaptaron la técnica para el tratamiento de los pensamientos obsesivos y fóbicos. Es una técnica cuya efectividad aumenta con la práctica.

EJERCICIO: DETENCIÓN DEL PENSAMIENTO

1. Si se encuentra solo y quiere interrumpir una cadena de pensamientos ansiosos, grite en voz alta, con fuerza: «¡Stop! ¡Para! ¡Vete!». Recuerde que lo que intenta es detener la espiral de pensamientos preocupantes. Si está con más gente, grite internamente, visualizando una gran señal de «Stop». Puede también colocarse una goma elástica en la muñeca y tirar de ella mientras grita.

---

2. Repita el paso 1 varias veces, en caso de ser necesario.
3. Cada vez que vuelvan los pensamientos preocupantes, repita con fuerza su orden verbal. Cuando haya conseguido ahuyentar las preocupaciones gritando con éxito en varias ocasiones, empiece a interrumpir los pensamientos que no desea utilizando su tono de voz normal. Finalmente, con práctica y repetición, será capaz de interrumpir los pensamientos no deseados sólo susurrando la orden o repitiéndola para sus adentros.
4. Después de haber interrumpido los pensamientos preocupantes repitiendo la orden de «Stop» unas cuantas veces, siga con alguna de las técnicas de distracción que hemos enumerado en la sección anterior.

Posponga sus preocupaciones

En lugar de intentar detener por completo sus preocupaciones o pensamientos obsesivos, puede optar por intentar posponerlos un poco. Esta estrategia puede resultar especialmente útil cuando el intento de dejar de preocuparse repentinamente (como en la técnica de detención del pensamiento) se plantea como una batalla cuesta arriba. En cierto sentido, es como dar algún crédito a las preocupaciones o pensamientos obsesivos, diciéndoles que los ignorará durante unos minutos y luego volverá a ocuparse de ellos. De este modo, evitará una lucha con la parte de su cabeza que parece obligada con las preocupaciones o la obsesión.

Cuando intente practicar esta técnica por vez primera, posponga la preocupación sólo durante un breve período de tiempo, entre dos y tres minutos. Al final de ese lapso, intente volver a posponerla durante otro breve espacio de tiempo. Después de esto, establezca otro momento concreto para posponer los pensamientos obsesivos. El truco consiste en retrasar la preocupación el máximo de tiempo posible. En ocasiones será capaz de posponer una preocupación concreta el tiempo suficiente como para que su cabeza acabe pensando en cualquier otra cosa. En realidad, la preocupación pierde fuerza cuanto más tiempo logre posponerla. Por ejemplo, imagínese que está intentando sacar un trabajo adelante y las preocupaciones relativas al pago de todos sus gastos le agobia constantemente. Acepte la preocupación, sin intentar luchar contra ella, pero dígase que no volverá a pensar en ella hasta dentro de cinco minutos. Pasados estos cinco minutos, dígase que volverá a posponerla cinco minutos más. Y así sucesivamente.

Cuando ponga en práctica esta técnica por vez primera, trabaje con períodos breves de retraso (entre uno y cinco minutos). A medida que vaya dominándola, intente posponer la preocupación durante períodos más prolongados (de una hora a un día entero). Si después de posponer la preocupación dos o tres veces, nota que no puede seguir retrasándola, concédase cinco o diez minutos de tiempo para preocuparse. Es decir, concéntrese expresamente en la preocupación durante un breve período de tiempo. Si le resulta difícil seguir posponiéndola, utilice las técnicas de distracción básicas y la detención del pensamiento explicadas al principio del capítulo.

Posponer las preocupaciones es una habilidad que mejora con la práctica. Igual que sucede con otras técnicas para eliminar las preocupaciones, la práctica de la técnica de posponer las preocupaciones aumentará su confianza en su habilidad para gestionar todo tipo de preocupaciones y pensamientos obsesivos.

Planifique acciones efectivas para controlar las preocupaciones

Las preocupaciones relacionadas con someterse a una entrevista de trabajo, hablar en público o viajar en avión, pueden resultar más estresantes que la experiencia en sí. Y ello se debe a que el sistema de luchar o salir huyendo del cuerpo no distingue entre las fantasías sobre la situación y la situación en sí misma. Preocuparse por un peligro imaginario provoca tensión muscular y retortijones en el estómago similares a los que pudieran producirse si nos enfrentáramos al peligro real. Una estrategia útil, si nos sentimos anclados a una preocupación concreta, es la de desarrollar un plan de acción para controlar la preocupación. El sencillo proceso de desarrollar dicho plan le alejará ya de la preocupación. Le ayudará, asimismo, a sustituir cualquier sentimiento de víctima que pueda sentir por una actitud más optimista y esperanzadora.

EJERCICIO:
CONSTRUYA UN PLAN PARA GESTIONAR SU PREOCUPACIÓN

Piense en qué es lo que más le preocupa. ¿El dinero? ¿Su relación? ¿Los hijos? ¿Su problema con la ansiedad? ¿Su rendimiento profesional? De entre todas sus preocupaciones, ¿cuál es la que tiene mayor prioridad en cuanto a emprender algún tipo de acción inmediata? Si está preparado y dispuesto para entrar en acción, siga los pasos siguientes, adaptados a partir de *The Worry Control Workbook*, de Mary Ellen Copeland (1998).

---

1. Escriba la situación concreta que le preocupa.
2. Haga una lista con las posibles cosas que puede hacer para tratar con la situación y mejorarla. Anótelas, aunque le parezcan abrumadoras e imposibles en este momento. Pida ideas también a familiares y amigos. No juzgue todavía las posibles opciones, limítese a escribirlas.
3. Considere cada idea. ¿Cuáles son imposibles? ¿Cuáles son factibles, pero de difícil implementación? ¿Cuáles podrían realizarse entre esta semana y final de mes? Subraye estas últimas.
4. Formalice un contrato consigo mismo para hacer todas las cosas que ha subrayado. Fije fechas concretas para completarlas. Cuando haya completado las ideas subrayadas, siga con las cosas más complicadas. Define otro contrato para hacerlas.
5. ¿Hay otras cosas que originariamente parecían imposibles, que tal vez puede hacer ahora? De ser así, establezca otro contrato consigo mismo para llevarlas también a cabo.
6. Después de cumplir todos sus contratos, pregúntese sobre cómo ha cambiado la situación. ¿Se han resuelto satisfactoriamente sus preocupaciones? Si la situación no se ha solucionado, repita de nuevo el proceso.

10

Hágale frente en el momento

Al final de este capítulo...

Sabrá cómo:

- Utilizar estrategias y frases para hacer frente y combatir la ansiedad.
- Utilizar frases afirmativas para contrarrestar los pensamientos negativos que animan la ansiedad.

Inclínese ante la ansiedad

Resistirse o luchar contra la ansiedad suele empeorarla. Es importante evitar tensarse en reacción a la ansiedad o intentar hacer que desaparezca. Los intentos enfocados a suprimir o huir de los síntomas iniciales de ansiedad son como una forma de decirnos: «No puedo controlarla». Un enfoque más constructivo sería el de cultivar una actitud que diga: «De acuerdo, ya vuelve a estar aquí. Puedo permitir que mi cuerpo sufra sus reacciones y controlarla. Ya lo he hecho en otras ocasiones». La clave está en aceptar los síntomas de la ansiedad. Cultivando una actitud de aceptación de la ansiedad, estamos permitiendo que avance y acabe pasando. La ansiedad está provocada por una oleada repentina de adrenalina. Cuando somos capaces de dejarnos ir y permitir que nuestro cuerpo tenga las reacciones (como palpitaciones, presión en el pecho, sudoración y mareo) que provoca esta oleada, la ansiedad desaparecerá pronto. La mayoría de la adrenalina liberada será metabolizada y reabsorbida en cuestión de cinco minutos. Tan pronto como esto suceda, empezará a sentirse mejor. Las reacciones de ansiedad tienen un límite de tiempo. En la mayoría de los casos, la ansiedad tiene un momento álgido y empieza a disminuir al cabo de unos minutos. Existen determinados estados de ansiedad que se prolongan por más tiempo, pero lo peor pasa en pocos minutos. Y desaparece con mayor rapidez si no lo agravamos en nuestro intento de presentarle batalla o reaccionando con conversaciones internas temerosas, de las que empiezan con el famoso «y si...».

Pero sepa cuándo presentar sus defensas

Es muy importante aceptar los síntomas iniciales de la ansiedad, pero llega un momento en que es necesario hacer alguna cosa. La ansiedad y las preocupaciones son estados pasivos durante los cuales nos sentimos vulnerables, sin control de la situación o, incluso, paralizados. Si nos quedamos sin hacer nada, la ansiedad puede mantenerse allí o incluso aumentar y dejarnos sintiéndonos como sus víctimas. Cuando llegue la ansiedad, acéptela de entrada, luego dese cuenta de que puede hacer muchas cosas, activamente, para redireccionar la energía consumida con la ansiedad hacia algo constructivo. En resumen, no intente luchar contra la ansiedad, pero tampoco se quede sin hacer nada.

La acción constructiva: ¿qué hacer?

Existen tres tipos de actividades recomendadas para hacer frente a la ansiedad en el momento en que aparece:

- **Estrategias para hacerle frente**, que son técnicas activas para superar la ansiedad o distraerse de ella.
- **Frases para hacerle frente**, que son técnicas mentales concebidas para redireccionar su mente y alejarla de la ansiedad y sustituir las conversaciones internas negativas.
- **Afirmaciones**, que pueden utilizarse como las frases, pero cuyo objetivo es a más largo plazo. Las estrategias y frases para hacer frente a la ansiedad tratan de ayudarle a superar un episodio de ansiedad concreto, mientras que las afirmaciones funcionan cambiando sus creencias básicas. Por ejemplo, podría utilizar una estrategia o una frase determinada para hacer frente a una situación difícil y también recordar una afirmación sobre la libertad respecto a los miedos con la que haya estado trabajando durante meses.

Estrategias para hacer frente a la ansiedad

En los capítulos anteriores hemos explicado diversas estrategias para hacer frente a la ansiedad. Cuando se enfrente con una ansiedad o preocupación, puede:

- Hacer alguna cosa para «relajar el cuerpo» (capítulo 1). La respiración abdominal suele ser efectiva para relajar la ansiedad aguda. Pruebe también a disminuir el ritmo de lo que esté haciendo en ese momento.
- Hacer alguna cosa para «relajar la mente» (capítulo 2). Dedique entre quince y veinte minutos a realizar una visualización guiada o a meditar.
- Dar pasos activos para afrontar sus miedos (capítulo 4).
- Dedicar un tiempo a cuidarse (capítulo 7). Las actividades placenteras, como hablar con un amigo, regalarse con una buena comida, tomar un baño caliente o darse un masaje en la espalda, resultan muy útiles.
- Distraerse de las preocupaciones (capítulo 9).
- Planificar acciones efectivas para controlar las preocupaciones (capítulo 9).

Además de estas, existen otras estrategias para hacerle frente que pueden resultarle útiles para controlar todos los niveles de ansiedad, desde las preocupaciones leves hasta el pánico. A continuación describimos algunas de las estrategias más populares.

Hablar con alguien que nos apoye, en persona o por teléfono

Hablar con alguien ayuda a distraer la mente de los síntomas y los pensamientos del cuerpo. Independientemente de que esté en el coche (con un acompañante o a través de un teléfono manos libres), en la cola para comprar, en un ascensor o en un avión, es una estrategia que funciona muy bien. En una situación de hablar en público, confiarse en el público ayuda a desvanecer la ansiedad inicial.

Moverse o llevar a cabo alguna actividad rutinaria

Moverse y hacer algo físico permite consumir la energía adicional o adrenalina generada a partir de la reacción de luchar o salir huyendo que se produce durante un ataque agudo de ansiedad. En lugar de resistir la excitación psicológica normal que acompaña la ansiedad, muévase a su ritmo. Si se encuentra en el trabajo, camine hasta el baño y vuelva o salga a dar un paseo fuera durante diez minutos. En casa, puede realizar tareas domésticas que exijan actividad física o subirse a la bicicleta estática o cinta de correr. Ocuparse del jardín es una manera excelente de canalizar la energía física de una reacción de ansiedad.

Permanecer en el presente

Céntrese en objetos concretos que se encuentren en su entorno. Si se encuentra en el supermercado, por ejemplo, puede dedicarse a observar a la gente que hay a su alrededor o los productos que se promocionan junto a la caja registradora. Si conduce, concéntrese en los coches que tiene delante de usted o en otros detalles de su entorno (mientras no aparte la vista de la carretera, naturalmente). Permanecer en el presente y centrarse en objetos externos ayuda a minimizar la atención prestada a los síntomas físicos o a los pensamientos «y si...» catastróficos que podamos experimentar. De ser posible, debería intentar tocar estos objetos cercanos para así reforzar la sensación de estar en el presente inmediato. Otra buena manera de asentarse es concentrarse en las piernas y los pies. De pie o caminando, preste atención a las piernas y a los pies e imagínese conectado con el suelo.

Técnicas de distracción sencillas

Existen muchos actos sencillos y repetitivos que pueden ayudarle a distraer su atención y alejarla de la ansiedad. Puede:

- Mascar un chicle.
- Contar desde el cien al uno de tres en tres: 100, 97, 94, y así sucesivamente.
- Contar el número de personas que hacen cola para pagar en el supermercado.
- Contar el dinero que lleva en la cartera.
- Si conduce, contar las protuberancias del volante.
- Colocarse una goma elástica en la muñeca. Le distraerá de los pensamientos ansiosos.
- Darse una ducha fría.
- Cantar.

Repase la sección «Distráigase de las preocupaciones» del capítulo 9 para más sugerencias sobre distracciones.

Nota: Las técnicas de distracción resultan útiles para hacer frente a una situación repentina de ansiedad o preocupación. Pero no permita que las distracciones se conviertan en una manera de evitar o huir de la ansiedad. Finalmente, necesitará experimentar directamente la ansiedad y dejarla pasar para habituarse a ella. Cada vez que experimente un ataque de ansiedad y permita que pase solo, sin intentar huir de él, estará aprendiendo a sobrevivir lo que produce su sistema nervioso. De este modo, genera confianza en su capacidad para controlar la ansiedad en cualquiera y en todas las situaciones.

Enfádese con la ansiedad

El enfado y la ansiedad son respuestas incompatibles. Es imposible experimentar ambas cosas a la vez. En algunos casos, resulta que los síntomas de la ansiedad son un apoyo para sentimientos más profundos de enfado, rabia y frustración. Si es capaz de enfadarse con su ansiedad en el momento en que aparece, podría con ello evitar que vaya a más. Puede hacerlo tanto verbal como físicamente. Podría decirle a sus síntomas cosas como: «Apártate de mi camino. ¡Tengo cosas que hacer! Al diablo con eso... ¡No me importa lo que piensen los demás! Esta reacción es ridícula... ¡Tengo, igualmente, que pasar por esta situación!». El punto de vista de «hacérselo a la ansiedad antes de que ella se lo haga a usted» funciona en algunos casos.

Las técnicas más utilizadas para expresar físicamente el enfado son:

- Aporrear a una almohada con ambos puños.
- Llorar con la cara hundida en la almohada... o solo en el coche con las ventanillas subidas.
- Atizar a una cama o a un colchón con un bate de béisbol (de plástico).
- Lanzar huevos a la bañera (los restos se limpian con agua).
- Cortar madera.

Tenga por favor presente, que es muy importante que exprese su enfado directamente en un espacio vacío o hacia un objeto, «no hacia otra persona». Si siente rabia hacia alguien, descárguela primero con alguno de los métodos mencionados, antes de intentar comunicar con esa persona. Olvídese de las expresiones de rabia físicas y verbales hacia seres humanos, especialmente hacia sus seres queridos.

Experimente algo inmediatamente placentero

Igual que el enfado y la ansiedad son respuestas incompatibles, también la sensación de placer lo es con el estado de ansiedad. Cualquiera de los métodos siguientes le servirá para liberar la ansiedad, las preocupaciones o incluso el pánico:

- Las caricias y abrazos de su pareja (o un masaje en la espalda).
- Una ducha caliente o un relajante baño caliente.

- Un tentempié o una comida agradable.
- La actividad sexual.
- Leer libros divertidos o mirar un vídeo de humor.

Intente un cambio cognitivo

Piense en cualquiera de las ideas siguientes para cambiar su punto de vista y olvidarse de las preocupaciones o los pensamientos de ansiedad:

- Reconocer que estaría bien aclarar la situación.
- Volcar el problema sobre su Poder Superior.
- Confiar en que es inevitable que suceda. Afirmar: «esto también sucederá».
- Darse cuenta de que no es probable que sea tan malo como suponen sus peores ideas al respecto.
- Darse cuenta de que trabajar con el problema forma parte del camino hacia la curación y la recuperación.
- Recuerde no echarse la culpa. Está haciendo lo que puede, y eso es lo mejor que puede hacerse.
- Extienda su compasión a todas las personas que experimentan una ansiedad similar. Recuerde que no está solo.

Frases para hacer frente a la ansiedad

Las frases para hacer frente a la ansiedad están concebidas para apartar su mente de las conversaciones internas miedosas, del tipo «y si...» y redireccionarla hacia una postura más confiada y cómoda en respuesta a la ansiedad. Cuando nos sentimos ansiosos, somos mucho más susceptibles de lo que nos imaginamos a las frases «y si...». Si se sugiere frases de más apoyo más realistas y tranquilizadoras, su mente empezará también a aceptar estas ideas. «Con la práctica repetitiva y con el paso del tiempo, acabará internalizando sus frases para hacer frente a la ansiedad hasta el punto de que le vengan automáticamente a la cabeza cuando se enfrente a la ansiedad y las preocupaciones». Existen tres tipos de frases para hacer frente a la ansiedad:

1. Frases planificadas de antemano para afrontar una situación difícil.
2. Frases para utilizar al afrontar, por vez primera, una situación difícil o temida.
3. Frases para ahuyentar sensaciones incómodas de ansiedad o pánico (independientemente de que se produzcan espontáneamente o al afrontar una situación difícil).

Frases para prepararse para afrontar una situación temida

- «Hoy estaré dispuesto a superar un poco la línea de mi zona de comodidad.»
- «Ésta es una oportunidad para aprender a sentirme cómodo con esta situación.»
- «Afrontar mi miedo a... es la mejor manera de superar la ansiedad que siento al respecto.»
- «Cada vez que decido afrontar..., doy un paso más hacia liberarme de este miedo.»
- «Si doy ahora este paso, acabaré siendo capaz de hacer lo que deseo.»
- «No hay forma correcta de hacerlo. Pase lo que pase está bien.»
- «Sé que me sentiré mejor cuando me encuentre en la situación.»
- «Haga lo que haga, lo haré lo mejor que pueda.»
- «Me elogio por ser capaz de afrontar mi miedo a...»
- «Siempre hay una manera de retirarme de la situación, en caso de necesidad.»

Frases para entrar en una situación temida

- «Lo he manejado antes y puedo manejarlo ahora.»
- «Relájate y no tengas prisa. No hay necesidad de presionarse.»
- «No me pasará nada grave.»
- «Es correcto que le dedique tiempo. Haré solamente aquello que esté preparado hoy para hacer.»
- «Estaré bien. Antes ya me he salido con éxito de ello.»
- «No tengo que hacerlo perfectamente. Soy humano.»
- «Mientras lo hago puedo pensar que me encuentro en un lugar tranquilo.»
- «Puedo controlar mi nivel de ansiedad y retirarme de la situación en caso de necesidad.»

Frases para sensaciones de sentirse atrapado

- «Que no pueda salir de la situación en este momento no significa que esté atrapado. Me relajaré de momento y saldré de aquí nada.»
- «La idea de estar atrapado no es más que un pensamiento. Puedo relajarme y olvidarme de esa idea.»

Frases generales para hacer frente a la ansiedad o el pánico

- «Puedo controlar estos síntomas o sensaciones.»
- «Estas sensaciones (sentimientos) no son más que un recordatorio de que debo utilizar mis habilidades para afrontar la situación.»
- «Puedo tomármelo con tiempo y esperar que pasen estas sensaciones.»
- «Me merezco sentirme bien ahora mismo.»
- «No es más que adrenalina... pasará en pocos minutos.»
- «Pasará pronto.»
- «Puedo superarlo.»
- «Son sólo pensamientos... no realidad.»
- «No es más que ansiedad... no permitiré que se apodere de mí.»
- «Esta ansiedad no me hará daño, aunque no sea agradable.»
- «Estas sensaciones o sentimientos no tienen nada de peligroso.»
- «No necesito que estos sentimientos y sensaciones me detengan. Puedo seguir adelante.»
- «Esto no es peligroso.»
- «No son más que pensamientos (ansiosos)... nada más.»
- «¿Y qué?»

Anote sus frases en pequeñas tarjetas

Una buena idea para tener estas frases siempre a mano es anotar las favoritas en una pequeña tarjeta (o varias, si así lo prefiere), que puede llevar encima, en el bolso o la cartera, o pegar en el salpicadero del coche. Siempre que sienta que se acercan los síntomas de la ansiedad, busque la tarjeta y léala. «Recuerde, es necesario practicar muchas veces estas frases antes de internalizarlas plenamente». Al final, acabarán robando el sitio que ocupan las conversaciones internas temerosas y catastrofistas que mantienen en marcha la ansiedad. El esfuerzo que ponga en la práctica de estas frases merecerá la pena.

Afirmaciones

Las frases y las estrategias para afrontar la ansiedad, que hemos discutido hasta ahora, ayudan a disminuir la ansiedad del momento. Las afirmaciones sirven para el momento, aunque resultan también útiles a largo plazo. Le ayudarán a cambiar las creencias instauradas que tienden a perpetuar la ansiedad. Su objetivo es ayudarle a cultivar una actitud más constructiva y fuerte hacia la ansiedad que experimente. En lugar de ser una víctima pasiva de la ansiedad, podrá cultivar una actitud de dominio activo. En lugar de sentirse inútilmente atrapado o superado por el pánico, temeroso o preocupado, podrá cultivar una actitud de mayor confianza y fe en su capacidad de superar la ansiedad.

Las afirmaciones siguientes tienen como objetivo ayudarle a cambiar las actitudes y creencias básicas que contribuyen a su ansiedad. Leerlas un par de veces no sirve para marcar la diferencia. Repetirlas diariamente durante semanas o meses, sin embargo, empezará a ayudarle a cambiar su perspectiva básica sobre el miedo en una dirección constructiva. Una forma de hacerlo es repasar la lista despacio una o dos veces al día. Reflexione sobre cada afirmación a medida que vaya leyéndolas. Incluso mejor, grabe la lista en una cinta y deje unos segundos de silencio entre una y otra afirmación. Escuche luego la cinta diariamente, relajado, para reforzar una actitud más positiva y confiada hacia usted mismo y su vida.

Pensamientos negativos y afirmaciones positivas para combatirlos

- *«Esto es insoportable.*
  Puedo aprender a afrontarlo mejor.»
- *«¿Y si esto sigue y no para nunca?*
  Lo iré haciendo poco a poco. No tengo que pensar en el futuro.»
- *«Me siento dolido, mal posicionado respecto a los demás.*
  A algunos nos toca andar por caminos más tortuosos que a otros. Ello no me convierte en un ser humano menos valioso... aunque cumpla menos cosas en el mundo exterior.»
- *«¿Por qué tengo yo que ocuparme de esto? Hay personas que parecen tener más tiempo libre para disfrutar de su vida.*
  La vida es una escuela. Por las razones que sean, al menos por ahora, me ha tocado el camino más duro... un recorrido más complicado. Esto no me hace ser malo. De hecho, la adversidad desarrolla cualidades relacionadas con la fortaleza y la compasión.»
- *«Estas condiciones no me parecen justas.*
  La vida puede parecer injusta desde una perspectiva humana. Si pudiésemos ver una imagen más global, veríamos que todo funciona siguiendo un plan acordado.»
- *«No sé como hacerle frente.*
  Puedo aprender a hacerle frente mejor, paso a paso... con esto y con cualquier dificultad que me aporte la vida.»
- *«Me siento incompetente respecto a los demás.*
  Dejemos que la gente haga lo que tenga que hacer en el mundo exterior.

Yo estoy siguiendo un camino de crecimiento interior y transformación que, como mínimo, es igualmente valioso. Encontrar mi paz interior puede ser un regalo para los demás.»

- «*Cada día me parece un reto mayor.*
  Estoy aprendiendo a tomarme las cosas más despacio. Busco tiempo para ocuparme de mí. Busco tiempo para hacer pequeñas cosas que sirvan para cuidarme.»
- «*No comprendo por qué estoy así, por qué me ha sucedido esto.*
  Las causas son muchas, incluyendo las hereditarias, la educación y el estrés acumulado. Comprender las causas satisface el intelecto, pero no es lo que cura.»
- «*Creo que voy a volverme loco.*
  Cuando siento mucha ansiedad, siento que pierdo el control. Pero ese sentimiento no tiene nada que ver con volverse loco. Los trastornos de ansiedad están muy lejos de la categoría de los trastornos etiquetados de "locura".»
- «*Tengo que luchar contra esto.*
  Luchar contra el problema no me ayudará tanto como buscar tiempo en mi vida para cuidarme mejor.»
- «*No debería haber permitido que me sucediera esto.*
  Las causas a largo plazo de este problema descansan en la herencia y en el entorno de la infancia, por lo tanto, no soy el culpable de esta afección. Ahora puedo tomar la responsabilidad de intentar encontrarme mejor.»

Afirmaciones antiansiedad

- «Estoy aprendiendo a librarme de las preocupaciones.»
- «Cada día aumenta mi capacidad para dominar las preocupaciones y la ansiedad.»
- «Estoy aprendiendo a no alimentar mis preocupaciones, a elegir la paz por encima del miedo.»
- «Estoy aprendiendo a elegir conscientemente lo que pienso, y elijo pensamientos que me apoyan y me son beneficiosos.»
- «Cuando surgen los pensamientos de ansiedad, busco tiempo para relajarme y librarme de ellos.»
- «La relajación profunda me da libertad para elegir librarme del miedo.»
- «La ansiedad está hecha a partir de pensamientos ilusorios, pensamientos de los que puedo librarme.»
- «Cuando veo la mayoría de las situaciones como realmente son, no hay nada que temer.»

- «Los pensamientos de miedo suelen ser exagerados y estoy madurando mi capacidad de alejarlos cuando quiera.»
- «Me resulta cada vez más fácil relajarme y hablarme interiormente para quitarme de encima la ansiedad.»
- «Mantengo mi mente ocupada con pensamientos positivos y constructivos y no me queda tiempo para preocuparme.»
- «Estoy aprendiendo a controlar mi mente y a elegir los pensamientos que pienso.»
- «Estoy adquiriendo más confianza en mí mismo al saber que puedo manejar cualquier situación que llegue.»
- «El miedo se desvanece y desaparece de mi vida. Estoy tranquilo, confiado y seguro.»
- «A medida que me tomo la vida con mayor tranquilidad y facilidad, tengo más calma y paz en mi vida.»
- «A medida que aumenta mi capacidad para relajarme y sentirme seguro, me doy cuenta de que, en realidad, no hay nada que temer.»
- «Mi confianza va en aumento porque sé que puedo manejar cualquier situación que se presente.»

Guión para superar el miedo

El siguiente guión funciona muy bien si se graba en una cinta. Recuerde leerlo despacio.

Concentrarse en un miedo siempre lo empeora. Cuando me relajo lo suficiente, soy capaz de cambiar mi centro de atención... pienso en ideas amorosas, positivas, constructivas. No puedo hacer que desaparezcan los pensamientos de miedo. Luchar con ellos hace que se queden presentes por más tiempo. Lo que puedo hacer, en cambio, es que mi mente se ocupe en pensamientos y circunstancias más pacíficos y tranquilos. Lo que estoy logrando cada vez que hago eso es elegir la paz en lugar del miedo. Cuanto más elijo la paz, más se convierte en parte de mi vida. Con la práctica, cada vez me resulta más fácil redireccionar mis pensamientos. Aprendo a pasar menos tiempo pensando en el miedo. Refuerzo mi capacidad para elegir pensamientos completos y útiles por encima de los pensamientos de miedo. Busco tiempo para relajarme... para reconectar con ese lugar en lo más profundo de mi ser que está siempre en paz.

Cuando dedico tiempo a esto, elijo alejarme de los pensamientos que me dan miedo. Permito que mi mente corra hasta llegar a un lugar más amplio y mucho mayor que mis pensamientos de miedo. Esto exige que mi mente se concentre en un lugar muy estrecho y pequeño. Cuando me relajo o medito, mi mente se torna lo bastante profunda y lo bastante grande como para trascender al miedo. Estoy aprendiendo a ver que mis pensamientos de miedo exageran en gran manera el riesgo o la amenaza. En realidad, el verdadero riesgo que debo afrontar, en la mayoría de las situaciones es minúsculo. Naturalmente, vivir una vida sin riesgos es imposible. Estar en un cuerpo físico y en un mundo físico implica ciertos riesgos. El estado de ausencia de riesgos sólo existe en el cielo. En estos momentos, estoy aprendiendo a reconocer mi tendencia a exagerar los riesgos, a devolverlos a su proporción adecuada. Todo miedo implica tanto la sobreestima del riesgo de peligro como la infravaloración de mi capacidad para afrontar la situación. Si dedico un tiempo a examinar mis pensamientos de miedo, descubriré que, en la mayoría de los casos, son poco realistas. Cuando decido ver las situaciones tal y como son, veo que no son peligrosas. Si practico y sustituyo mis pensamientos de miedo por pensamientos de verdad, mis pensamientos de miedo acabarán disminuyendo. Cada vez que siento miedo, reconozco la falta de realidad de mis pensamientos de miedo y dejo que desaparezcan más fácilmente.

Lo importante es no alimentar el miedo... no explayarse en él ni darle energía. Lo que debo hacer es redireccionar mi atención hacia otra cosa, cualquier cosa, que me haga sentir mejor. Puedo centrarme en hablar con un amigo, leer algo que me eleve la moral, realizar trabajos manuales, escuchar una cinta o cualquier actividad que me ayude a no pensar en mis miedos. Con la práctica, soy cada vez más adepto a alejarme de los pensamientos de miedo y a no caer en ellos. Empiezo a dominar mi mente, en lugar de ser su víctima. Aprendo que el miedo no es la única alternativa que existe. Puedo entrar en él o alejarme de él. A medida que pasa el tiempo, aprendo a alejarme de él. Mi vida gana comodidad y tranquilidad. Y haciéndolo, contribuyo a la existencia de un mundo con más paz.

Apéndice

Jerarquías adicionales

Grupos

Si le resulta mejor, realice primero toda la secuencia junto con una persona de apoyo y finalmente hágalo solo.

1. Únase a un pequeño grupo de conocidos y permanezca entre tres y cinco minutos sin participar.
2. Igual que el paso 1, pero diciendo alguna cosa, aunque sea sólo dar su nombre.
3. Igual que el paso 1, pero permaneciendo en el grupo hasta diez minutos y diciendo algo brevemente.
4. Igual que el paso 1, pero permaneciendo en el grupo durante un mínimo de diez minutos y hablando durante un minuto, o iniciando una breve conversación.
5. Igual que el paso 4, pero alargando el tiempo de permanencia con el grupo hasta la media hora y su tiempo de hablar hasta los cinco minutos.
6. Repita los pasos del 1 al 5 en un grupo con más gente, donde conozca algunas personas.
7. Repita los pasos del 1 al 5 con un pequeño grupo de desconocidos (la persona acompañante sigue aún con usted).
8. Repita los pasos del 1 al 5 con un grupo numeroso de desconocidos (la persona acompañante sigue aún con usted).
9. Repita los pasos de 1 al 8 solo, sin su acompañante.

Viajar en avión

Realice primero toda la secuencia junto con una persona de apoyo y finalmente hágalo solo.

1. Acérquese al aeropuerto y dé una vuelta en coche.
2. Aparque en el aeropuerto, entre en la terminal y permanezca allí entre uno y diez minutos.
3. De ser posible (a veces no lo es por medidas de seguridad), siéntese en la puerta de embarque entre uno y diez minutos.
4. De ser posible, siéntese en el interior de un avión en tierra, hasta cinco minutos.
5. Salga del avión en tierra y vuelva a entrar. Esta vez, espere a que se cierre la puerta del avión.
6. Realice un vuelo corto, de no más de entre veinte y treinta minutos de duración.
7. Realice un vuelo más largo, de entre una y dos horas de duración.
8. Realice un vuelo largo, de entre tres y cinco horas de duración.

Los pasos 4 y 5, normalmente forman parte de los programas para superar el miedo a volar disponibles en muchos de los principales aeropuertos. Si no está disponible el programa, intente realizarlo en un avión más pequeño, en un aeropuerto donde impartan lecciones de vuelo.

Comprar en un supermercado

Si le resulta mejor, realice primero toda la secuencia junto con una persona de apoyo, luego con esa persona de apoyo esperándole fuera en el coche, y finalmente hágalo solo.

1. Siéntese en el aparcamiento y observe el establecimiento.
2. Acérquese hasta la puerta del establecimiento y permanezca allí entre uno y cinco minutos.
3. Entre y salga del establecimiento.
4. Entre y permanezca dentro del establecimiento durante cinco minutos.
5. Entre hasta la mitad del establecimiento y permanezca allí entre uno y cinco minutos.
6. Entre hasta el fondo del establecimiento y permanezca allí entre uno y cinco minutos.
7. Permanezca en el establecimiento entre cinco y diez minutos, visitando diversas secciones.

8. Permanezca en el establecimiento entre diez y treinta minutos.
9. Compre un producto y pase por la caja rápida.
10. Compre dos o tres productos y pase por la caja rápida, con una o dos personas delante de usted.
11. Compre más de tres productos y pase por la caja rápida, con más de dos personas haciendo cola delante de usted.
12. Compre tres o más productos y pase por una caja normal.
13. Igual que el paso 12, pero comprando entre cinco y diez productos.
14. Igual que el paso 12, pero comprando entre diez y veinte productos.

Bibliografía

BAIN, J. A. *Thought Control in Everyday Life*. Fun and Wagnalls. Nueva York, 1928.

BENSON, Herbert. *The Relaxation Response*. William Morrow. Nueva York, 1975.

— *Beyond the Relaxation Response*. Times Books. Nueva York, 1984.

BOURNE, Edmund. *The Anxiety and Phobia Workbook*. Third Edition. New Harbinger Publications, Oakland, California, 2000.

— *Beyond Anxiety and Phobia*. New Harbinger Publications, Oakland, California, 2001.

COPELAND, Mary Ellen. *The Worry Control Workbook*. 3ª. ed. New Harbinger Publications, Oakland, California, 1998.

ELGIN, Duane. *Voluntary Simpliciy*. William Morrow. Nueva York, 1993.

JACOBSON, Edmund. *Progressive Relaxation*. Midway Reprint. The University of Chicago Press, Chicago, 1974.

SEARS, Barry. *The Zone*. Harper Collins. Nueva York, 1995.

WILSON, Reid. *Don't Panic*. Harper Collins. Nueva York, 1996.